阅读日本
书 系

日本文化的构造

日本の文化構造

中西进\著　彭曦\译

笹川日中友好基金
The Sasakawa Japan-China Friendship Fund

南京大学出版社

图书在版编目(CIP)数据

日本文化的构造/(日)中西进著;彭曦译. —南京:南京大学出版社,2013.5(2018.11 重印)
(阅读日本书系)
ISBN 978 - 7 - 305 - 11361 - 1

Ⅰ.①日… Ⅱ.①中… ②彭… Ⅲ.①文化史—日本—文集 Ⅳ.①K313.03 - 53

中国版本图书馆 CIP 数据核字(2013)第 079190 号

NIHON NO BUNKA KOZO
By Susumu Nakanishi
© 2010 by Susumu Nakanishi
First published 2010 by Iwanami Shoten,Publishers,Tokyo.
This Simplified Chinese edition published 2013.
By Nanjing University Press,Nanjing
By arrangement with the proprietor c/o Iwanami Shoten,Publishers,Tokyo

江苏省版权局著作权合同登记　图字:10 - 2011 - 528

出 版 者　南京大学出版社
社　　 址　南京市汉口路 22 号　　　　　邮 　 编　210093
网　　 址　http://www.NjupCo.com
出 版 人　左　健
丛 书 名　阅读日本书系
书　　 名　日本文化的构造
著　 者　[日]中西进
译　 者　彭　曦
责任编辑　田　雁　　　　　　　　编辑热线 025 - 83596027
照　　 排　南京紫藤制版印务中心
印　　 刷　南京爱德印刷有限公司
开　　 本　787×1092　1/20　印张11.6　字数207千
版　　 次　2013 年 5 月第 1 版　2018 年 11 月第 2 次印刷
ISBN 978 - 7 - 305 - 11361 - 1
定　 价　33.00 元

发行热线　025 - 83594756
电子邮箱　Press@NjupCo.com
　　　　　Sales@NjupCo.com(市场部)

阅读日本书系编辑委员会名单

阅读日本书系选考委员会名单

目　　录

前言 日本文化的形成和特性

一、日本的三种文化样式

日本通过三次文明开化形成了三种文化样式。

在进入历史时代以后,日本以相邻的文化大国中国为典范建设国家,于 7 世纪实现了第一次文明开化。

众所周知,佛教于 538 年(还有 552 年的说法)正式传入日本。在经历了苏我、物部的宗教战争①以后,佛教由原来在私宅举行的祭祀活动,发展为设有官立大寺的政权宗教。圣德太子(574~622年)就是活跃在那个时代的带有传奇色彩的人物。人们很自然地把他那种超凡脱俗的人格比拟成基督或者释迦,在日本流传着关于圣德太子的各种传说。

那丝毫不足为怪。可以说,7 世纪在日本生根开花的佛教使日本实现了最初的文明开化。

佛教的最大特色是偶像崇拜。据史料记载,古人屡屡发现圣木在海上漂流这种不可思议的现象,那是佛教东传的祥瑞。另外,反佛教的物部氏曾将佛像扔到难波②堀江。这些话题都是以偶像为中心。偶像崇拜之所以如此受到关注,是因为之前日本没有偶像的概念。以往日本人崇物尊神。"物"是寓于物体中的力量;神以熊为代表,它能发挥超凡的力量,时而变成雷电,时而变成太阳,

---

① 译者注:指 6 世纪末大和朝廷重臣苏我与物部围绕引进佛教而展开的争斗。苏我信佛,物部排佛,587 年苏我马子杀害物部守屋,佛教由此得以在日本兴盛。

② 译者注:大阪市的旧名。

但它本身是不可视的。

作为力量显示出来的"物"没有表象，而神只有在某些情况下能看到。但不论是雷电，还是太阳，或者田神、山神，他们都没有固有的外形。恰如"神"这个字用的是"示字旁"一样，神只在祈祷中出现。

与这种不可视的超凡的存在不同，佛教从一开始就把偶像显现在日本人面前。圣德太子为了战胜物部，制作了佛像，并承诺如果自己获胜将建造安放佛像的场所。

因为发生了这种翻天覆地的变化，所以我们可以将 7 世纪称为文明开化期。

这样传播到日本的佛教便是由释迦所倡导的解脱人类的思想。在将自己和对象相对化这一点上，佛教与以往将物、神绝对化的关系根本不同。这大概是佛教的第二个特色。

自己被相对化了，个人的觉醒想必得到了促进。因此，日本人自立于集团并创作表达情感的抒情诗，那也是必然的结果。

抒情诗这一重要文学形式是在佛教的影响下诞生的。

引进律令制是实现文明开化的第二大因素，其作用仅次于佛教的传入。

日本从 7 世纪起正式完善统一国家的体制，因此需要统治原理。日本频频向中国选派遣隋使、遣唐使，逐渐将律令改变为具有日本特色的制度，其状况从"近江令"①等中可以窥见一斑。不过，正式制定的律令大概是 8 世纪初的"大宝律令"②。

之后，律令多次被修改。如果说佛教的传入是精神开化的话，那么律令的引进则是制度的开化，这一点具有重要意义。

我认为律令有以下三个重要意义。

第一是国家的成立。当时根据律令制建立了官僚机构，实现了令人惊叹的转变。律令制下的官僚制是现代日本官僚制的起源，日本的官僚机构现在依然在世界上享有盛誉。

第二是阶层的区分。律令将臣民分为良民和贱民，优待农民，

---

① 译者注：被认为是天智天皇（668～671 年在位）时编纂的日本最早的法令。

② 译者注：大宝元年（701 年）由刑部亲王、藤原不比等等人编纂的法令集。

将渔民视为贱民。那是统治者财政举措的一个环节,阶层制因此形成,其中包括区分良民和贱民的等级制度。

第三是都市的形成。据说平安京的人口有 10 万或 20 万。一旦形成都市,自然会产生文明。虽然生活圈受到污染,但文明带来教养,教养汇集起来又形成文化,并因此形成了律令文化,那是政治原理的成果。

不过,真正实现文明开化要等到 10 世纪,当时的首都是平安京。但具有讽刺意义的是,9 世纪以后,日本谢绝了中国文化的进一步介入——中国文化曾是日本文化的恩师,上述开化迈出了走向成熟的历史步伐。因此,在由"大和"至"山背"地区发展起来的日本第一期"大和文化"在 12 世纪迎来了成熟期。那就是以畿内为中心的"大和文化",我将之称为第一期日本文化。这样来称呼的理由有以下几点:

"大和文化"汇聚在一个极,也可以说那是中心点。针对圆周部分不断展开圆形运动,将文化不断传播至周边地区。

"都城"和"僻壤"的区别一目了然,它们都具有"价值的单一性"。柳田国男曾经指出:日语由都城向僻壤传播·在空心化的都城形成的新词又向地方上传播。这种"方言圈论"所具有的无非是点的构造。现在,方言中还有"上方①方言",当中还残留着都城的妇人腔。

但是,日本历史不久又开始了第二次文明开化,形成了第二种文化样式。从 13 世纪到 16 世纪,镰仓幕府以及室町幕府的兴亡动乱给日本带来了极大影响,使"大和文化"发生了转换。

上述宗教、政治原理以及形成文明的轴心相同,但都发生了变化,在 17 世纪德川幕府统治稳固下来后,诞生了不同于"大和文化"的另一种文化。

也就是说,以前的文化以畿内为中心,而新诞生文化的则是涵盖全日本的"日本文化"。

"大和文化"是单极文化,而新诞生的"日本文化"则是两极文化,如京都对镰仓、上方对江户。

---

① 译者注:指京都一带,也泛指关西地区。

在那里,呈现以连接两点的线为中心的文化构造,因此不会进行单极的圆周运动,而是进行两极的椭圆运动。

价值在都城与僻壤之间自然不是单一的,呈现的是具有两义性价值观的文化。

我们不妨将处于这种状况下的 13 世纪称为第二文明开化期。就与上文的对应关系而言,基督教应该取代佛教才是。如果日本人接受了基督教,日本社会大概会发生很大的变化。

但日本并没有接受基督教,那并不单单是因为丰臣秀吉与德川家康没有那样做,应该说基督教不太适合日本的国情。在那个时代,日本全国面临深刻的宗教矛盾,一方面实施了神佛融合,另一方面德川幕府将朱子学作为新的政治伦理。

朱子学所倡导的礼教被当做民众的生活原理,其结果是皈依神佛和礼教规范具有两义性,培养出了德川时代民众强韧的生活能力。

然而,上方和江户不论是价值观、语言还是生活习俗都无法统一。文化虽然传播开来了,但我更关注椭圆运动的卓越实践。

直到开国为止,上方与江户一直都为如何处理贵族与武士的关系而绞尽脑汁。这大概是两义性文化的典型表现。

在接下来的 19 世纪,日本迎来了明治的文明开化,那是日本的第三次文明开化。

如果切合上文简明扼要地来说的话,第三次文明开化是迈向"世界文化"一极的第一步。

在对外关系上,不像以前只对中国、荷兰开放。因为列强要求日本开国,世界呈多极构造,日本文化面向那些多极构造以放射状扩散。

受其影响,即使在日本国内,以往的极是一个点,那个点在线上延伸,而那之后点扩散为面。

日本构成平面中的一个极,那种文化现在正在不断普及。位于亚洲的日本被理解为其中的一点,并因此形成自己的特色,而欧洲则另具特色。

复杂的运动催生了物理学的耗散构造论以及熵的有用论。

当然,价值不再是有时候单一,有时候具有两义性,而必须是多义性的,如今那被称为国际化中的多样性。

现在,印度的佛教徒只有 2%,大部分印度人是印度教徒。在日本,以往对物以及神的信仰转变为对释迦以及基督这些人的信仰。那之后,世界或许已经失去了支持人的思想的热情。印度教作为土著宗教曾经处于佛教的统治之下,但印度教的众神现在成了崇拜的中心。

同样,在中国道教信仰也十分盛行。孔庙并不是宗教的中心,佛教寺院也不多。

而且,伊斯兰教在亚洲也拥有很多信徒。

因此,在国际化多元化的时代,日本是否也会对以往的物和神的信仰重新进行审视呢?至少最近呈现出一种趋势,对自然、土著力量的信赖有所增强。

近代主张自我、个人等。在这样的背景下,那或许是一种具有讽刺意义的征兆,因为那是宗教的"民主化"。

二、贯穿历史的普遍性

以上对 7 世纪以后的文化实践进行了概括,那么我们究竟该如何看待之前的日本文化呢?

在前文中,我是以佛教和律令作为文化的指标。佛教是由释迦这样的一个人格者创造出来的思想体系,律令则是中国在多年的政治实践中形成的宏大思想。借助这些智慧来人工培育文化,此乃日本文化的本质之所在。

那么,在进行人工培育之前,人们又是靠什么来支撑呢?虽然不宜将那之前的时代称为蒙昧时代,但那时的文化与人工培育的文化想必存在很大的区别。

大自然起到了培育者的作用。

想必古代人是借助自然的启示来生活的。因此,在思想家、帝王把个别性原理灌输给人们之前,自然的启示应该是全球性、普遍性的。

例如,关于生命的诞生,世界上人们想的是一样的。

在《圣经》中,是用亚当的肋骨做成夏娃。亚当是人,因此诞生夏娃（生命）是自然的结果，但问题是亚当又是怎样诞生的呢？

好像亚当主要是由肋骨变成的。也就是说，人体犹如左右分枝的树木，在树枝上孕育新的生命。植物的诞生早于人类，它起到了暗示人类诞生的作用。

日本人认为人像树木一样有根，有干（躯体），手脚犹如分枝，由此构成身体。

因为树木与人体相同，所以各地出现了用树木的形象来讲述生命诞生的故事。

释迦是从摩耶夫人腋下诞生的，那与由女人的肋骨诞生生命是一样的。

朝鲜百济的始祖赫居世的王后叫做阏英夫人，据说她诞生于龙的右腹部。亚当是从人身上诞生的，阏英夫人则是由比人更尊贵的龙的肢体诞生的。

在中国，传说老子的母亲在生他时扶着李树，孔子则是在桑树下出生的。

在日本，素戈鸣尊①因为受到兄长神的迫害，被树权夹死了，但母亲的哀叹又使他复活了，这与由树枝诞生在根本上是一样的，古代日耳曼之神沃坦的死与复活也与此相同。而且，基督受磔刑的神话无非就是与这种异教融合的产物。②

这是世界树所拥有的生命和智慧，关于这一点将在后文中进行论述。这样看来，由大自然所培育的古代人的精神世界具有全球性、普遍性。

但是，普遍性逐渐被分割。例如，16世纪来到日本的基督教传教士强调人类的优越性，说人类有别于自然。至此，自然这一古代人认为足以依靠的智慧源泉在地球上的地位有所下降，基督这个智者取而代之。

将自然视为智者，那或许是某个地区短暂的梦想。

沃坦是北欧信仰中居住在森林里的英雄。另外，居住在阳光

---

① 译者注：记纪（《古事记》《日本书纪》）神话中的神，伊奘诺、伊奘冉二尊之子，天照大神之弟。还可以写成素盏鸣尊、须佐之男命、须佐乃袁尊。

② 参见拙著《基督教与大国主》，文艺春秋，1994年。

明媚的地中海诸岛的人们创造了灿烂的文化。然而,基督诞生的土地与那些地方水土大不相同。而基督一直给苦恼的人们带来生活的喜悦,并且经历了漫长的历史。

以上谈论的都是诞生的话题,下面让我们再来看一看死亡。

日本人在从中国接受死的思想之前,认为死是呼吸停止、灵魂脱离身体。因为人们认为能呼吸说明还活着,是灵魂赋予身体这些活动。

在地中海文明中,同样存在灵魂脱离身体的想法。人们对灵魂、天国深信不疑。另外,在凯尔特人看来,西方存在青春之国。

但是,那种想法被基督教的原罪思想否定了。罪行已经由亚当和夏娃所确定,结果是带来死亡。

在日本神话中,始祖神因为与女神"木花开耶姬"①结婚而终结了生命。生命总是在接受总有一天会死亡的事物,那构成死的出发点,我认为那是一种很了不起的思想,那受到自然智慧的启发。而且那与通过了解性而面临死亡的宿命这种伊甸园的神话完全相同。

但是,将生命置于罪的概念之中是很大的飞跃。说来,亚洲并不存在原罪思想。

而且,基督教的教义非常严格。亚当和夏娃因为原罪从乐园中被驱赶出来了,所以子子孙孙失去了神的恩宠,必须永远在地狱受苦。失去神的恩宠不是精神的问题,而是实实在在的肉体上的痛苦。

以这些为契机,通过基督教来看欧美文化,可以看出那完全依赖基督教的中心灵性。

的确,这与佛也有共同之处,但佛与人的关系是相对的。从这种关系来说,佛是第二人称的神,而基督教的中心灵性则是第三人称的神。

如果与这些相比的话,又该如何看待古代日本的神呢?作为代表性的神,大国主之神是大地之父,拥有"大物主"的别名,具有

①　译者注:记纪(《古事记》《日本书纪》)神话中的神。大山祇神之女,始祖神琼琼杵尊之妻,生火阑降命、彦火火出见尊、火明命,被尊为富士山之神或安产之神。

寓于万物的灵力,苇原丑男之神是最为凶暴的神。

神当然不是我,也不是他。换言之,应该说那是超人格的存在。

总之,被绝对化并与自我隔绝的基督教的神既不像佛那样成为第二人称的对象,更不是包含自己的第一人称的神。不用说,与变幻自在,甚至在对人关系上也是自在的超人格的日本神也不一样。

以上将基督以及基督教一元化的论述只是最基本的观点。

在中世纪的欧洲,既有与异教徒的战斗,也有与天主教徒以及耶稣教徒的纠葛。从 13 世纪持续到 18 世纪的抓魔女的做法也值得一提。

当然,不能简单地以基督教来谈论现代欧美人的精神风土。

因为,如果考虑到伊斯兰教、印度教、道教以及我们日本人依然信仰物以及神这些情况,至少以基督教的绝对灵魂来规定现代欧洲人文化的做法是错误的。

加拉普公司在 1982 年实施的舆论调查显示,67% 的人认为死后灵魂不灭,23% 的人相信会有来世。

在自然科学非常发达的欧洲,至今仍然没有摆脱原始的观念。这意味着古代的普遍性尽管经历了各种历史的变迁,依然具有顽强的生命力。既然那是如此根本性的观念,可以说它放之四海而皆准。

在前文中提及过的文化变迁,也是以此为基础的。

三、作为支流的东西文化

可知以上这些作为根源的古代普遍性和后来的变化,分别演变为各种宗教或思想,并在形式上逐步完善,仅此而已。但是,施加影响的一方似乎只取得了暂时的成功。古层根深蒂固,民俗难以改变,最终人类的立脚点归结为风土的智慧。

因此,东西文化看上去相隔甚远,但它们只不过是同源的支流罢了。由此而言,我们现在应该思考的正是作为支流的共通性和差异性。就这个问题,我想谈三点。

第一点是不可视性。例如，佛教强调轮回转生的思想。那种思想认为来世的造化由现世的所作所为来决定。为了来世，在今生今世毋宁应该尊重修行之苦。

　　这种观念以循环的生命观为基础。就这一点而言，那是古代的普遍思想。一味地否定今生今世是佛教最大的特点。

　　即便在欧洲，惠滕（joel Whitten）也提出过"生命之间的生命"（Life between Life）这一概念。我们不妨称之为重视两种生命之关系的前世疗法，其修善之志与佛教相比有过之而无不及。

　　理查德·莫里斯·比克（Richard Maurice Bucke）认为其中包含"宇宙意识"。如果我们对人类的宇宙生命以及秩序进行思考的话，那么马上就会联想到通常我们在日本古代歌谣中所看到的，或者是从欧洲思想家喜欢引用的松尾芭蕉那里发现的东西。

　　将价值置于普遍性事物，那是天主教很早就具有的特征。

　　这样一来，不论是欧洲还是亚洲，不管是佛教还是基督教，其生命观直至最近都是相同的。

　　这种理所当然的事情如果作为世俗的东西来思考的话，就很容易理解。谁都对亲人感到亲切，因为每个人都知道没有父母就没有自己。也可以说最近的DNA为轮回转生提供了依据。

　　那么，是不是说在生命的授受这个问题上，东洋与西洋就没有差异了呢？差异其实是存在的。即便就"生命之间的生命"而言，欧洲式的做法是：探寻其具体存在，将绝对的信赖寄托于可视的事物上。

　　与此相反，亚洲一般尊崇的是不可视的事物。即便就轮回而言，在日本的古语中有"绊"这个词，这是《源氏物语》中的基本概念。

　　这个"绊"是不可视的东西，它由"气"连接着。"气"原来是中文，那与被称为 ki、ke 的灵力的动态大概是同一事物。

　　另外，虽说"影"也是不可视的东西，却被视为实体，它与"形"并不是对立、矛盾的东西。

　　包括韩国在内，这种认识方式可以说是亚洲式事物的典型。

　　那么能否对这些加以区分呢？

　　下面让我们来看一看诗与科学。

这是与认识方式相关的问题。本来,无论是希腊还是印度,一般都会用诗来表明认识。即便在日本,也可以想象在太古时代就存在叙事诗,阿伊努人也有长篇叙事诗。

但是,后来诗被轻而易举地分解为艺术与学术,彼此分道扬镳。特别是在近代,当自然科学迈出自己独立的步伐之后,欧洲式科学成了希腊以来认识的全部。

与之相对应,在亚洲虽然学术与艺术有所区别,但学术并没有就此成为欧洲式自然科学,这一点在人文科学中特别明显。因此,有时会产生一种错觉:虽说是人文科学,但如果不效仿自然科学的方法,就不是科学。

在比较极端地谈论这种欧洲式科学与亚洲式学术的区分时,如果能分为心理与物理来谈可能会比较容易理解。因为万象之心就是物,万象之理穷于心理与物理。

所谓自然科学将包括心在内所有事物都视为物,并将其作为科学认识的对象。因此,心理学与物理学是并列的两个领域。

但另一方面,以亚洲方式保留下来的学术以心理学为基本,并在此基础上建构起了各种物理学。那犹如作为"智慧"(sophia)的哲学与各种学科的关系。

如果将这两种探求真理的方式称之为诗与科学的话,会更易于理解。我们不妨将其解读为综合的方法与分析的方法的区别。

水火不相容的诗与科学、综合与分析这些范畴和手段是以希腊为出发点而形成支流的。在那里,隐藏着乍看是差异,实则在深层一致的东西。现在需要对其文化构造的认识进行更深层次的探求。

最后,让我们来看一看协调与统一这种事物的状态。

认为事物混沌存在,这在欧亚都是原始的认识方式,这一点在前文中已经反复提到了。日本神话在开头说天地原本没有区别,那便是有名的例子。在中国,老子认为先是混沌,后来"道"开始显现,但征兆并不明显。

在《庄子》中,事物的前后关系也十分暧昧,庄子梦蝶时,不知是自己化为蝶,还是蝶变成自己,有人将之称为"物化"。在这样来称呼时,有一个前提,那就是不分明。

在欧洲同样也存在这种状态。例如,榛这种植物的英语名 hazelnut 就由来于 hazing(模糊不清)。因此现在有被称为融合(fusion)的音乐域名。与此相同,表示中间的、不属于任何一方的便是榛。

恐怕这种植物的果实具有令人意识蒙眬的作用吧。与之相似,过量使用杜鹃花与马醉木也会中毒。

因此,有魔术师用榛木做成魔术棒,那能使人意识蒙眬。

但贤者也拿着它。因为人们认为榛木棒能显示学术的深奥意义。此时的榛木棒具有两义性,一方面它成为说明混沌的利器,另一方面又让使用它的人蒙眬。

而且,榛木棒在基督教中也被使用过。据说是圣帕特里克用榛木棒驱蛇,还用榛木建造了教会。

因此,即便在欧洲,混沌这条大河也没有分支就一直流淌了下来,甚至将基督教也卷入其中。之后,当人们将混沌视为蒙昧的时候,天主教将拯救灵魂的中心文化称为"整体人文主义"(integral humanism)。

因此,在出现统合这种尝试时,古代的混沌开始受一种支流的引导,特别是将整体人文主义置于文化的中心。这种做法虽然很出色,但表明了一种观念。以前三岛由纪夫使用过"文化观念"这个词,回想一下这一点会比较容易理解。

另一方面,其实日本一直在从国外引进文化。且不说原始的混沌,日本文化一直处于混沌之中。正因为如此,也就一直保持了混血文化的优点。也可以说,那表明多元文化与单一文化一直在交替。

应该说那处于一种和谐的状态。不论是否具有综合性、整体性。总之,形成了一种和谐的文化。

因此,在日本形成了和谐文化这种支流,同时还形成了综合文化这种支流。

这里所说的三者不同,有将统合明确为每个存在的集合、将综合视为一个整体的集合,以及将每个存在协调而成的集合。

重视个人主义的国家以及全体主义国家,都适合综合。但我认为在日本,形成了不同于以上两者的"和之国",这样的国家"和而不同"，因此没有必要进行综合。

这种状态也许与刚才说到的心理学与物理学的情形有些相似。

为了追求和谐，与其说需要构成统合条件的个体，不如说更需要其内在因素。与意识、现实、外形、原则相比，无意识、梦想、内面、真心这些东西更受尊重，和谐才能实现。

如果以心理学方式来说的话，那是以弗洛伊德和荣格为中心的内容，一般可以将自我称为自己。

如果用学术的"故乡"即心理学来分析，只有尊重这些内在因素才能实现和谐的话，那么作为自然科学与物理学并驾齐驱的心理学会很不合算。我以前曾经指出日本诞生于水，日本的原始神话充满了水的形象。日本特有的柔性也产生于这里。

但是，亚当是从泥土中诞生的。泥土厚重、结实，而水则柔弱。

在那里也存在统合与和谐的差异。

支流多种多样，但首先有必要将不同文化作为支流来看待。对比很容易从差异着手，不过排除对立的视点也很重要，这一点不言自明。

Ⅰ　列岛形成的文化风土

日本文化的南北构造

南北延伸的日本列岛

日本国土由南北走向的弧形列岛构成。北到北海道的宗谷岬，南到冲绳的波照间岛。如果将其置于欧洲地图上，这之间的距离相当于从法国南部波尔多到非洲的阿尔吉尼亚沙漠，纬度从北纬 25 度至 45 度，有 20 度的跨度。

当然，并非只有日本才有这样的南北跨度，其他一些国家也是如此。但在东西距离较短的国家，这样的情形确实少见。

另外，弯曲成弧形，而且是由列岛构成的弧形，我想不起来哪里还存在类似的国家。而且，因为是列岛弧，所以单独分布在海上，整个国土被海洋环抱。

日本国土所具有的南北纵长的特性，使得日本的南北性显得特别复杂，这一点在文化上也不例外。

例如，近代的代表性诗人三好达治有这样一首名诗。

> 让太郎睡下，太郎的屋顶上雪积起来了。
> 让次郎睡下，次郎的屋顶上雪积起来了。

——《测量船》

这让人联想到大雪封山的季节里，日本式大屋顶下人们闭门不出的生活。

因此，在日本还出现了合掌造①这种独特的防雪屋顶。

另一方面，冲绳不下雪。准确地说，冲绳在日本并不属于特殊情况。例如，中世著名的散文家吉田兼好说过："建房宜主要考虑夏季"（《徒然草》）。这表明日本的一般性想法并不是以冬天为基准的，平安时代的寝殿造②的非封闭性便是一个典型的例子。

不用说，人类的生活与风土密切相关。因此，在思考文化时，不能无视文化的风土性。我认为是地势这种土地之力决定了文化。在后文中，我想同时使用作为状态的风土和作为力量的地势这些概念。日本列岛的地势的确是南北地区力量相互对峙的结果，在这里能够看出文化的构造。

而且，如果先将结论提出来的话，以往的日本观是以南方为中心的，我认为那种观点忽略了北方的视点。

因此，我想在以往的南方为中心的视点上添加北方的视点，来思考日本文化。

"北方"的诗人

15 世纪，都城由于应仁之乱③而陷入极度混乱。连歌师心敬（1406～1475 年）就生活在那个年代。他留下了《独语》《私语》等著作，他的诗作也绽放着异彩。木藤才藏指出："当作家全神贯注思考人生无常，追求艳美，并获得语言形象时，就会渗透出冷、瘦、寂的美。"④

换言之，心敬所尊重的是"冷、瘦、寂"。

下面让我们来具体看一看他的主张：

　　或问昔之歌仙："歌宜如何咏哉？"答曰："枯野之芒芋、黎

---

①　译者注：屋顶像合掌形状的民房样式，屋顶内有三四层，用于养蚕等，多见于岐阜县白川、富山县五个山等地区。

②　译者注：平安时代（794～1185 年）出现的贵族住宅的建筑样式，以朝南的寝殿为中心，在东西北建厢房，彼此之间用回廊连接。

③　译者注：室町幕府时代发生的长达 11 年（1467～1477 年）的内乱。

④　木藤才藏："心敬"，收录于《日本古典文学大辞典》简约版，岩波书店，1986年，994 页。

明之残月也。"此乃念于无言之处悟知冷寂也。登堂入室者之句,宜只具此种风情。

——《私语》41

"昔之歌仙"是指 12 世纪的歌人藤原基俊。心敬对有些玄妙的回答进行了解释,说要重视"言外之余情",要领悟"冷寂"的一面,只有完全达到某种境界的人才能悟出这样的道理。

说"只",意味着没有例外。心敬是以这种确信来主张"冷寂"之美的。

在心敬看来,只有幼稚的人才会创作出热情奔放的,或者沉浸在无限喜悦中的诗作。相反,就像枯野中的芒草、黎玥的残月所象征的那样,冰冷的诗作才是上品。

"寂"也是与"闲寂"相通的境地。舍弃耀眼的光芒,渗透出该事物自然性质的状态,那便是"寂"。

将这两者统合的境地,那才是心敬所希求的世界。

心敬进而用下面的话来加以说明。

唯冰不艳。稻田朝之薄冰、柏轩之冰柱、枯野之草木等露霜之情趣深远,侍艳否?

——《独语》

与"艳"这个词不相称的东西,恐怕就是冰吧。"艳"作为自古以来的文学理念,一直为人们所追求。其内容因时代、作者而异。心敬将之极端地单一化,并在冰中去寻求。也可以说,是将"心之艳"内在化了,人们也可以用"内净之冷艳"这种表达来把握这种冷艳的具体例子。

只剩下稻壳的水田里结的薄冰、陈旧的柏皮屋檐下挂着的冰柱、枯野中沾满霜露的草木,这些便是冷艳的具体事例。心敬认为这些很有情趣,并称之为"艳"。

冰的美妙之处大概在于结冰的紧张感。那里没有多余的东西,去除了所有赘肉,舍弃了虚饰,美本身得以彰显。

这与在前文中提及过的以"瘦"为理念的认识也是相通的。说起"瘦",有人很快就会想起能面中的瘦男瘦女。他们是遭受痛苦的亡灵,前者生前犯有杀生之罪,后者生性偏执。用"瘦"来表现在地狱深渊遭到谴责的极限状态,这是日本的传统。

那么,又是什么使心敬抱有这种"冷寂"的理念呢?

一般认为是受到了佛教的影响。心敬是僧人,最后晋升到了"权大僧都"的高位。的确,《私语》中充满了佛教思想。

但是,是不是说不是僧侣就无法达到"冷寂"的境地呢? 特别是在说到"寂"等的时候,谁都会想到俳人松尾芭蕉以及茶人千利休都是僧人。只不过,芭蕉是扮成僧人在各国云游,他并不是真正的僧人。

这样想来,不得不认为心敬的僧侣身份只是附加条件,除此以外还存在更加根本的条件。

在此能想到的是,"冷"是北方的显著特征。北方寒冷,这是不言自明的事实。

我想,心敬心中有对"北方"的希求。

心敬出生于纪伊国①,并不是土生土长的"北方"人。所以才说他有"希求"。说来,佛教是通过否定来拯救人的宗教,加上心敬生活在乱世,他对现实深感绝望,离开战乱的都城前往东国,并客死在相模国②。想必正是这种经历使心敬的心向着"北方"。

"北方"的特征体现在冷、侘、瘦、寂当中。如上所述,"侘"原本是指奄奄一息的状态,瘦也与傲霜挺立的东西有相通之处,处于心灵的北极。而且,寂寥与南国耀眼的太阳也极不协调。

实际上,《万叶集》③还收录了高市黑人的作品。他实际前往北国,不愧是"冷"的歌人。

妇负野中望,凄凄芒草微,
雪中权借宿,今日不胜悲。

——卷 17—4016

① 译者注:旧国名,相当于今和歌山县和三重县部分地区。

② 译者注:旧国名,相当于今神奈川县大部分地区。

③ 译者注:部分《万叶集》作品中译文引自杨烈版(湖南人民出版社,1994 年)以及李芒版(人民文学出版社,1998 年),以下将不逐一注明。

日本文化的构造

越中国①妇负之野的这首短歌,是在北陆道最北面创作的一首短歌,就整部《万叶集》来看,这样的雪国短歌只有这一首。陆奥②之歌或许是民谣,或许只是凭空想象创作的,并非基于实际体验。

高市黑人在大雪封山、芒草被风刮得嗖嗖直响的时候寻找投宿地,心都是冰冷的,宛如心敬所说的枯野中的芒草。

但因为高市黑人身居北国,所以心显得不是那么冷。不论是在南方的东海道,还是在近江路,高市黑人的诗歌都是"冷寂"之歌。

> 行旅长为客,苍黄恋物华,
> 红船随处去,见此感天涯。

——卷3—270

> 行来离岛乡,何处吾将住,
> 胜野古原头,只今逢日暮。

——卷3—275

高市黑人的诗歌有一个特征,那就是歌咏远去的背影。大概没有比这更加寂寥的作品了。

此外,作品中还频繁使用"何处",让人感觉漂浮不定。

可见高市黑人是以描写"北方"见长的歌人。而且,事实上他曾身居北国,对"冷"进行了尽情歌咏。

从这一点上也可以看出,"冷"并不是以佛教为媒介的东西。心敬是一个继承了高市黑人所拥有的"北方"要素以及冷的系谱,并将之提升至理论高度的连歌师。

而且,那也与在上文中提及过的千利休、松尾芭蕉的系谱连接起来了。利休将原本四叠半的茶室缩小成两叠,甚至还建造了一叠半的茶室。应该说那是一种浓密空间的凝聚力。

名作待庵在角落上还配了曲线,因此感觉空间比较大。这让人深切感受到浓密与狭小迥然不同。

---

① 译者注:旧国名,相当于今富山县。
② 译者注:旧国名,相当于今福岛、宫城、岩手各县以及秋田县部分地区。

另外，据说利休将藤原家隆的一首短歌作为体现茶之精神的作品。

> 樱花何日开，天天在盼望。
> 雪间有春草，预告君知晓。

——《壬二集》上

不是将花柳，而是将雪间春草视为真正的春天。在这里，"雪间春草"也被提请关注。

当然，现在并不是在谈论地区性。利休所想象的美存在于雪景之中，那与心敬的"冰"遥相呼应，与高市黑人的妇负之野的"雪"异曲同工。侘茶的精神也完全是"北方"的事物。

利休在晚年惹怒了丰臣秀吉，被迫自尽。众所周知，当时前田利家与秀吉的母亲都曾尽力援救利休，但利休说"靠女流之辈甚憾"，拒绝了他们的帮助。

这种毅然的达观，体现了不苟且偷生这种精神上的自豪感。

随着时代的推移，松尾芭蕉继承了这种系谱。例如，芭蕉曾经指出：

> 师曰：乾坤之变乃风雅之素材，静者不变之姿也，动者变也。时不止则不止，止乃见之闻之。飞花落叶之散乱若不于其中见之闻之，将不平息，活物消而不留迹。

——《三册子》

从这段有名的话来看，他对生命感的凝视令人惊叹。"侘"的中心想必就存在于这种想法之中。

> 仰望月觉侘，忆昔日、念无学亦觉侘。欲答"觉侘"无人问，愈觉侘。

——《俳谐一叶集》

这种姿态体现了芭蕉初衷（天和元年，38 岁）。在他的创作初

期,即便身处寂寥之中,依然创作了诗心更加紧迫的作品。又如:

> 旅途生疾病,梦中萦枯野。

他在这种枯野的心像中结束人生,这一点无人不知。在那样的状态下,他留下了这样两句:

> 鱼店之咸鲷,其齿龈亦寒。(元禄五年)
> 海鼠结成冰,其命尚犹存。(元禄五、六年)

而且,对于芭蕉的侘,学界已经出现了以寒冷来定位的观点:

> 如果从温暖、寒冷的角度来看的话,那么侘不属于温暖,而属于寒冷。在和歌与连歌中,将最高的理想置于冷、涸、悴等所体现的境地,就证明了这一点。[1]

在这句话的前面,小宫还说:"如果从丰富、贫弱的角度来说的话,侘寂是贫弱的东西,至少侘、寂不是艳丽、华美、耀眼的东西。"总之,侘、寂与艳丽、华美、温暖的特性相反,具有贫弱、寒冷的特性。

其实,我所指的芭蕉的"北方"特性与前辈的观点也有一致之处。

不过,小宫接着又指出:

> 然而,芭蕉虽然持无常迅速的世界观,但依然未能耐得住侘、寂。他虽然倡导侘、寂,但没有将那贯彻到冷、涸、悴的方面,而是将那些包含在温暖、"怀念"当中。那不是单纯的侘,也不是单纯的寂,而是温暖的侘、令人怀念的寂。[2]

这里小宫采取的是一种折中的意见。

说来,事情并非如此简单。关于这一点将在后文中进行论述。

---

① 小宫丰隆:《芭蕉讲座第六卷 俳论篇(总说)》,三省堂,1943 年,27 页。
② 同上注。

不过,当在日本文化史中给芭蕉定位时,我认为应该将其主要特征视为"寒冷"。

芭蕉晚年踏上奥州之旅,留下了《奥之细道》,这是不争的事实。我们可以这样来看待,该游记正是希求"北方"的具体实践,因为在上文中提及过的他年轻时怀抱的志向最终在他总结自己一生时得以实现。

不管怎么说,直到后来,我们还拥有铃木牧之的《北越雪谱》,以及菅江真澄在游记中描绘的世界。① 在这种风土中孕育出的事物作为一种重要的存在正在日本文化中生根发芽。我们现在应该更加重视与那些事物相关的日本文化中的"北方"要素。

作为反规定的"北方"

无论如何,在日本文化中占据中心地位的是"南方"要素。这里所说的"南方"是指近畿以南的地区。不过,如前所述,那是抽象的南方要素,已经论述过的"北方"同样也是抽象的。

因此,如果借用前文中小宫的话来说,那是与寒冷相对的温暖,这种精神上的倾向在日本文化中占据中心地位。同时,因为南方指近畿以南的地区,因此"南方"性又与京城的特性一体化了。原因很简单,因为日本的首都长期设在南方。

不仅如此,许多文化是从南方传入日本的,这一点与"南方"性也有着密切的关系。九州自古就是发达地区,邪马台国②九州说不可忽视。吉备也有过大豪族的势力。而且,大和朝廷位于东面,那与以往更东地区有很大的区别。过了很久以后,大和势力的影响才波及关东地区,更不用说在东北地区的政治统治进展缓慢。

直到 17 世纪在江户开设幕府以后,情况才发生了很大的变化。但在当时,北方依然作为北方继续存在,日本文化的南北构造并没有因此而改变。

----

① 译者注:铃木牧之(1770～1842 年),江户中期的文人;菅江真澄(1754～1829 年),江户后期的国学家、旅行家。

② 译者注:《三国志·魏书》中记载的 2～3 世纪存在于日本的国家。关于其位置,一说认为存在于九州北部,另一说认为存在于畿内大和。

此外,绚烂的外来文化传入京都,生活方面的影响暂且不谈,在外来文化的促进下,文化开始发生变迁。

长期以来日本的外来文化主要是指中国文化,"南蛮"文化也是经东海传入日本的,那些文化的价值最终得到认可,也使京城文化的面貌发生了变化。

而日本北方则拥有另外的文化传播渠道,即从北亚经日本海传入日本。那与从中国传来的正式文化内容有所不同,虽然不是正式的国家外交渠道,但从那里传入了较多的生活文化。

因此,回到正题上来说,日本文化中存在具有都城特色的"南方"文化要素与乡土特色的"北方"文化要素,而且对那些产生影响的外来文化的传播渠道也各不相同。南北这种单纯的地区性同时也反映出了都城与乡土这种精神性的差异和平行,以及对其产生影响的外来文化类型的不同。

在此,我要考虑的是两者之间的关系。

这两者并非互不相干。其实又何止如此,我认为两者关系密切,类似于规定与反规定的关系,一直扬弃着日本文化。

首先,就现实问题而言,江户时代的北前船将北海的产品运到京都周边。现在,鲱鱼是京都的特产,昆布是大阪的特产,从这一点就可以看出物资的南北流通所带来的影响。

正如这里的鲱鱼与昆布所象征的那样,"北方"的要素与"南方"的要素融合,或者被扬弃,形成了日本文化。

因此,"北方"与"南方"必须有所不同,所幸"北方"一直保持着独自性。

在原业平是 9 世纪充满传奇色彩的人物。《伊势物语》中说:有一次,他认为自己在京城是多余的人,便去了东国。业平在那里展开了乡土之恋,表明东国存在一种世界,那可以替代都城的"多余"。在这个故事里,他作为官员有些不称职,谈恋爱却很成功,对东国的那种人类精神给予了认可。因此,从这样的构图中,可以充分看出都城与僻壤的风土特性。

还有一个人叫小野篁,他比业平大约长 20 岁,关于他的故事更为具体。在篁 14 岁那年,父亲小野岑守调任至陆奥国,篁跟随父亲前往。

岑守是个汉学家,当然希望儿子学习汉语。但篁根本就不肯学,而是整天在奥州原野骑马。

这个故事说明《伊势物语》有一定程度的真实性。东国是令人身心开阔的自由天地,其开阔程度与京城形成鲜明对比。

而且,据说嵯峨天皇看到篁这种样子,曾哀叹"他为什么要学武人样呢?"在此,甚至可以看出都城与僻壤、南与北、文与武这样的构图,非常有意思。

篁19岁时回到都城,5年的经历使他发生了很大的变化。他回到都城之后还是不学习,天皇因此为之哀叹。他听说后十分惭愧,后来成了大器。篁甚至被称为"野狂"(小野狂人),很有个性。而他之所以能成大器,与他年轻时的"北方"体验有一定的关系。毋宁说,因为有"北方"体验这种反规定,篁才成了大器。

说起在奥州之地驰骋,马上就会想起源义经。他年轻时在奥州度过,那使他逃脱了京城的劫难。在奥州的旷野中,诞生了出色的武将。应该说,"北方"与"南方"相对立,才诞生了义经那样的武士。

因此,比起义经,藤原秀衡的统治权更应该受到重视。义经拥有堪与镰仓抗衡的实力,宛如以此为支点的向量,波及都城圈产生有某种影响,然后又回到"北方"。

虽然藤原三代不久就被镰仓的势力消灭。但是,"北方"与"南方"并非无缘,打个奇特的比方,北方用鲱鱼和昆布征服了京城、大阪,反过来"南方"用武力征服了北方。

义经是12世纪的武将,再往前追溯两百年,有一个叫平将门的风云儿。他在东国之地发动叛乱,一时间自称"新皇",但很快就被消灭了。

这么说起来似乎很简单,10世纪的"北方"相当自由,甚至可以称王称霸。而且,还存在赴任国司土著化以及流放者在那里定居的情况,他们构成了一种地方势力。在这样的政治状况下,"北方"形成了独自的文化。

以上这些事例表明"北方"与"南方"迥然不同。虽然并非与文化直接相关,但在透过这些事例所看到的风土之中,想必存在不同于"南方"的另外一种文化。

例如,就藤原秀衡而言,有大家所熟悉的光堂。毛越寺的庭院看起来并不那么异质，但光堂是金光闪闪的殿宇。这种北方王者的想法在朝廷任何地方都看不到。不可想象伊势神宫的神殿上会贴上金光闪闪的金箔。

粗略地说，中国文化是尊重玉的文化，因此日本文化的主流"南方"文化也照样尊重玉。《万叶集》中也使用了"玉梓""玉鉾"这些美称，但黄金不是美称。在"南方"文化中黄金不过是一种金属。

起源于斯基泰(Skythai)人的北亚文化对日本"北方"产生过影响，而斯基泰人则拥有尊重黄金的文化，估计那是从新罗以及日本北方登陆的。

这一点与天平胜宝元年(749年)在日本"北方"由韩裔国司最早挖出黄金似乎也有关联，这件事甚至带来了吉次卖金的故事以及秀衡的光堂。

因此，在黄金受到鄙视的都城一带使用黄金，当然会被视为老土。在前文中提及过利休。秀吉曾建造了一间金碧辉煌的茶室，但利休对之表示鄙视，因为他崇尚侘的精神。同样道理，秀衡大概也被视为是趣味低俗的人吧。

西行将源赖朝①赐予他的金猫送给孩子，这种故事表现的是政治的庸俗与诗人的清高，同时也体现了对黄金的鄙视。

从这样的价值观来看，足利义满的金阁，以及义政②的银阁当然应该被视为另类。那与以往的价值观格格不入。

但是如果作为"低级趣味"的"北方"要素对"南方"产生影响的话，就不好解释了。尽管那种事情曾在秀吉身上发生过。不过，成为"南方"要素的南蛮风格只不过碰巧与"北方"的黄金一致，我们不妨用这样的方式来思考。

的确，室町的婆娑罗虽然是"南方"的事物，但那是一种新的文化造型。说来，"南方"的特征原本是晴朗性。"南方"文化由开放精神所支撑，顺应自然。那里有白木建筑以及能与户外自由交流的房屋构造，就文学与思想而言，有着对自然的崇尚与尊重，这种

---

① 译者注：西行(1118～1190年)，平安后期的诗人、僧人；源赖朝(1147～1199年)，镰仓幕府初代将军。

② 译者注：足利义满(1358～1408年)室町幕府第三代将军，足利义政(1436～1490年)室町幕府第八代将军。

开放性与婆娑罗的开放性十分融洽。

然而，在以后的日本文化中，婆娑罗没有成为主流，人们并没有效仿秀吉的黄金趣味。

主流依然保持"南方"的晴朗性，但并未就此终结，一直将"北方"要素作为反规定，维持着格调。

能乐便是这种典型。^① 歌舞伎即便作为表演来看也很出色，那是江户民众创造出来的充满活力的艺术。

但是，在精神的高度上，歌舞伎不及能乐。力图展现灵魂之北极的能乐所拥有的象征性，以及十分重视克制的表现方式几乎无法用戏剧的概念来说明，这种精神的"冷"使无数人深受感染。

日本的戏剧兼备这两种特征，就这一点来说它是完美的。应该将两者作为互补的文化现象来考虑，两者绝不是无关的事物。

西行这个不可思议的歌人的精神构造大概也能通过这种"北方"和"南方"来理解。西行的和歌当今受到很高的评价。但仔细想一想，他措词平易，或者结构不是很缜密，有些令人感到意外。就这一点而言，西行不是大歌人。

另外，他向往花月，创造了大量的和歌，那些作品并没有带着一种重压感向我们逼近。由此而言，西行是相当明快的歌人。

在旅行这一点上，西行与芭蕉也有相同之处，他曾经去过奥州两次。他是去筹集修复东大寺的资金，奥州之旅不可能不对西行的精神世界产生影响。

在那里，肯定具有对抑制晴朗性事物的追求，实际上抑制曾经产生过作用。西行的和歌被花月的华丽与寂寞所萦绕，大概就是追求这种"北方"要素的结果。

其情形与上述芭蕉的侘是一样的。小宫所说的用温暖包容寒冷，那不是指侘，而应该是指芭蕉本身，芭蕉身上具有扬弃侘的晴朗性。而西行则具有追求抑制晴朗性的"北方"要素的志向。

下面时代有些跳跃，希望得到大家的谅解。我认为白桦派作

① 关于能乐以外的文化现象，特别是关于外来文化的途径，因为在演讲《日本文化的特性——特别从北欧亚大陆的视点》中进行了详细的阐述，在此只简略地提一下。

14

家有岛武郎在创作《该隐的后裔》时，心里估计也有过追求"北方"要素的志向。

人们常从思想上，或者从解放农地的行动这些方面来谈论有岛，但我认为该小说充满了"冷"的气息，那体现了有岛创作的整体志向。

有岛写过《两条路》以及《再谈"两条路"》[①]的论文，对人生在两条路上徘徊的问题进行了论述。他得出的结论是："我觉得这种矛盾才是人类本来的立场，能安于其中，应感到自豪。"

具体来说，有岛的"北方"要素萌芽于北海道，那片土地使他在思想上做出了社会性决断，也使他精神紧张，就像《该隐的后裔》那样，以陷入困境的人物作为主人公来创作小说。"北方"要素在有岛身上作为一条"路"而存在，我认为他心甘情愿地面对"两条路"的矛盾。

作为表象的鲑鱼

以上事例或许太偏重于文学。在上文中论述了"北方"要素起着反规定的作用，那构成日本文化的特性。类似的日本文化构造在也存在于具体的列岛构造之中。

例如，8世纪成书的风土记中有这样的记载：

> 神门川。……经神户、朝山、古志等三乡，西流入海。有香鱼、鲑、鳟、石斑鱼。
>
> ——《出云国风土记》神门郡

像这样，记载了在河里能捕到的鱼的名称，其中有香鱼与鲑鱼。除此以外，在《出云国风土记》出云郡的出云川项中也有记载。

当然，有些地方只有香鱼，例如在出云、丰前、丰后、肥前各国那样的地方较多。但《常陆国风土记》久慈郡的助川项中只记载了鲑鱼。

---

① 分别登载在《白桦》1910年5月号、8月号。

也就是说，就风土记而言，香鱼与鲑鱼是并列的水产，但香鱼多，鲑鱼少，特别是鲑鱼在九州的风土记中没有出现，这一点值得关注。

不用说，香鱼是鲑鱼科①，两种鱼都在河里上下游动，也都是日本人经常食用的鱼。在《土佐日记》中记载了"仅吸腌香鱼之口"这种正月的习俗，而《江家次第》也有"元日摆满香鱼"的记载。香鱼不仅在日本，而且在朝鲜以及中国台湾、中国东北等地也有栖息，外文名就叫 ayu，那是典型的日本鱼。

另一方面，鲑鱼也是日本人生活中不可或缺的一种鱼。紫菜、鸡蛋，再加咸鲑鱼，即便现在，这些都还是日式旅馆的典型早餐。咸鲑鱼也是最受欢迎的年货之一。

不难想象两者的栖息也分为南北，这从风土记中也可以窥见一斑。就全国来看，现在香鱼能栖息的最北的地方是余市川，在那以南的本州岛，不论是在日本海一侧，还是在太平洋一侧，任何一个地方都可以捕到香鱼，就连奄美大岛的住用川也能捕到。据说以前在冲绳也发现过。现在在久慈川也能捕到，要是《常陆国风土记》能一并记载就好了。

就另一方的鲑鱼而言，因为福冈县有鲑神社，所以估计过去不仅在出云，在福冈一带也能捕到鲑鱼。当然，北海道盛产鲑鱼，如果把鳟鱼也包括在内来说的话，鳟鱼寿司是富山县的特产。

也就是说，香鱼与鲑鱼虽有相同之处，但因地区分为南北，那不仅与日本人的饮食生活紧密相关，而且还构成文化上的关键词。

这一点在鲑鱼身上体现得十分明显。在前文中提及过的助川项中，有关于将"遇鹿"的马厩改名为"助川"的记载，那非常有趣。

> 至国宰久米大夫之时，于河中取鲑，改名助川。俗语中言鲑之祖为"助"。

说鲑鱼是"助"的子孙，这稍微有些怪诞。关于这一点，小岛璎

---

① 不过，乔丹特别设了香鱼科。

礼做过出色的研究①,在此简单地介绍一下。在东日本各地有鲑王的传说,其名为"鱼之大助"。在山形县的庄内地区,据称 11 月 15 日那天,名为大助、小助的鲑王以及鲑灵会溯流而上。在室町时代的物语《精进鱼类物语》中,鱼类的大将为"鲑之大助鳍长",这大概也是根据"鲑之大助"命名的。据说以鲑鱼为主要食品的阿依努人,以及北美西北岸的原住民也有鲑鱼之王的传说。

《常陆国风土记》中记载的就是这种信仰的一个侧面。将鲑鱼称为王,并视之为有灵性的存在,这种信仰广泛分布于从日本北方到北美的地区。

这样看来,鲑鱼是典型的北方事物,它所承载的心像或许比实际能捕到的地区更为重要。就以往日本国内而言,鲑鱼甚至是专属阿伊努圈的事物,具有最北端的形象。

这一点可以具体论证,我曾论及过这个问题②。一名叫增贺上人的平安时代的高僧曾与乞丐一起捡供品吃,并因此被称为狂僧。某一天,他去给被任命为大僧正的师僧慈惠去请安。也当时的情形是:

> 身上带着干鲑,犹如佩上一把大刀,骑着骨瘦如柴可怜兮兮的母牛四处转悠,见者无人不惊。
>
> ——《发心集》第一

当他站在乞丐的角度对腾达进行揶揄时,也以干鲑鱼作为象征。关于这一点,在前文中提及过的心敬也曾指出:

> 增贺上人骑牛,以干鲑为大刀,往供上。
>
> ——《私语》44

这是指"以心地为旨,不关戒律之人","宜为离方便之真人也。"干鲑鱼象征着排除虚妄。

---

① 小岛瓔礼校注:《风土记》,角川书店,1970 年,341～342 页。
② 中西进:《狂的精神史》,讲谈社,1978 年,162～163 页。

不用说，干鲑鱼之所以能够揭露腾达与虚妄，是因为那是"北方"的事物，是象征了小宫所说的贫寒的事物。芭蕉曾直截了当地指出这一点：

　　宫家食瘦肉，丈夫吃菜根。予乏，雪之朝独啃得干鲑。

——《东日记》

瘦肉、菜根，这些分别代表着富裕和丈夫的气概，而干鲑鱼则象征着贫穷。"啃"这个词表明干鲑鱼坚硬，而这种"硬度"也加深了贫困的程度。另外，"得"表现了费尽周折才弄到手的艰辛。芭蕉还创作有另外一句。

　　干鲑空也瘦，尽在寒之中。

——《猿蓑》

空也（903～972年）也周游列国，一直念唱"南无阿弥陀佛"，他被称为市圣。现在六波罗蜜寺中的空也像是罕见的杰作，从他消瘦的身躯就能看出他艰苦修行的情形。他的贫寒与干鲑鱼相照应。

据说，被称为"敲钵"的念佛唱经的活动从11月13日的空也忌辰起连续48个夜晚在京城内外举行，芭蕉也在寒风中听到了那种声音，干鲑鱼便是其象征。

这样的鲑鱼以后一直在传承。非常著名的高桥由一的鲑鱼图阴沉孤独，显得痛苦不堪，没有开放感。那充分暗示了被称为"鲑鱼文化史"的日本人的精神史。

另外，近代歌人宫柊二的代表作中也有关于鲑鱼的描写：

　　惜孤独之姿，今日挂咸鲑。

——《小绀珠》

可以说,宫柊二是继承了上述咸(干)鲑鱼系谱的歌人①。宫柊二出生于新泻县,曾撰文回忆自孩提时代以来关于鲑鱼的记忆。②

因此,按照上文的论述,宫柊二也是像芭蕉那样追求"冷"的理念的作家。让我们从描写冬天以外的作品中找一些例子来看一看。因为在描写冬天的作品中,难以将"冷"的描写视为一个特征。

月影山河遥,今宵早冻至。

——《群鸡以前》

天高光四散,小鸟越寒山。

——《群鸡》

石庭盈悲愁,光射冷五月。

——《山西省》

竹林现水池,欲白冰融解。

——《小绀珠》

月明宵宵冷,庭土雨留痕。

——《晚夏》

不觉至夜驿,脚下冰如刃。

——《日本挽歌》

庭端川倾斜,川岸冬枯竹。

——《多夜歌》

腊月雨冰冷,羊齿庭愈枯。

——《藤架下小室》

栎果多散落,雨道暗而冷。

——《独石马》

秋深空气冷,夜步自约束。

——《忘瓦亭之歌》

表示"北方"的词语当然不止"冷"。在上文中,我们还可以看

---

① 中西进:"咸鲑鱼的系谱",《短歌》1987 年 2 月号,收录于《中西进著作集》第 9 卷。

② 宫柊二:"鲑鱼小包裹",收录于《雪之里》,求龙堂,1977 年。

到"冻""寒""冰""冬枯"等词语。另外,想必还能找出"白""密""微""寂"等词语吧。正如芭蕉在"侘""寂"以外试着用了许多词一样,宫柊二也做了许多尝试。

像这样,我们可以从文学上确认鲑鱼的系谱。不妨认为,这作为代表"北方"的文学,成为与"南方"相互规定的因素,而丰富了日本文学。

不妨将这一点与香鱼比较一下。让我们再来看一看芭蕉的诗句:

鹈舟趣甚深,旋即转悲哀。

被鹭鸶捕住的是长良川的香鱼,这句充满了情趣。这里没有鲑鱼的那种阴沉、寂静、贫寒。但芭蕉的结论却是"悲哀的鹈鹕舟"。而这一句的前句末为是这样的:

踏上夜归路,依依惜此身。

在篝火熄灭后的黑暗中,香鱼之兴消去,又回到了俳人芭蕉。显然,这一诗句沿袭了谣曲"饲鹈"。

鹈舟之篝影消,此身归夜路,甚是依依不舍。

由此表明那又回归到了前文中作为"北方"要素列出的谣曲世界。从这一句也可以如实地看出在香鱼与鲑鱼,即在南北之间往返的芭蕉的心情。

当然,列举香鱼和鲑鱼的例子是为了论述的方便。但鲑鱼确确实实是一个"北方"要素向"南方"价值观以及精神寄托施加影响的典型事例。

从鲑鱼这个例子可以看出,在呈狭长弧形列岛日本形成文化时,存在独特的南北构造。

北和南的思想家
——平田笃胤与本居宣长

一、笃胤的风土

平田笃胤（1776～1843年）是出生于秋田的思想家。

出生于温暖之地三河的菅江真澄曾执著于秋田几十年。对真澄来说，秋田是令他感到震惊的"发现北方"之地。

真澄的游记《秋田旅宿》（天明四年九月至十二月）中关于雷鱼的记载（十月三日项）便是其中之一，雷鱼现在依然是秋田的特产。根据真澄的记载，冬日天空乌云密布、大海咆哮、海上电闪雷鸣时，雷鱼会聚集起来。

冬日的雷鸣本身就与南国异样。我也曾在寒冬的金泽听到过雷鸣，并为之深感惊讶。当时我立刻想到出身于当地的加藤楸邨的"寒雷"。因为雷鸣是俳句夏日的季语，冬日的雷鸣在那之前想都没想过。

而且，在雷鸣时节能捕到许多鱼，想必渔民们很开心。

因此，雷鱼用鱛或者鱲这样的字来表示。雷鱼也就是雷神。

其实，《古事记》上卷中有"言代主命"在三保岬捕鱼的记载。他是去占鱼，能根据鱼的动静来察知天之变。雷鱼就是指雷神。

真澄将这种鱼的神秘动静与日本海特有的阴沉天空以及咆哮的大海一并视为象征秋田这片土地的事物。

笃胤就是在这种风土的摇篮中生长的，不妨将之称为北方的思想家。

笃胤受到了本居宣长(1730～1801 年)的感化,倾心于其学说。在宣长去世后,笃胤不仅被视为宣长的高足,还被世人称为四大国学家之一,其他三人是荷田春满、贺茂真渊、本居宣长。

由于宣长是伊势松阪人,两人生长的风土不一样。因此,尽管笃胤师事宣长,但因两人的生长环境不同,所以在思想上也有差异。我认为这就表现出日本文化的南北构造,这一点十分重要。

下面对这个问题进行论述。

二、平田笃胤的思想

很显然,倡导"幽情"①的宣长力图直视人情的纯真价值。其中最典型的是对死的哀伤。宣长说:

> 吾深知死则赴黄泉国之道理,除痛哭别无他法。
>
> ——《铃屋问录》

在儒学作为正统且逐渐普及的情况下,这种原原本本地认可事实的态度以及表现人之真情的勇气,真是非常难得。

但是,笃胤在这个问题上还是敏锐地提出了自己的主张,他对师父的观点提出了异议。

> 人之灵魂尽往该国,杳无音讯。师翁亦误,言魂之所往彼处也。
>
> ——《真柱》下

的确,死者去了何处,这一点谁也不知道。因此,古学者们最后也只得依靠阿弥陀佛,宣扬妄作神道之辈甚至将阴阳五行、佛教学说混杂在一起,主张会在"日之少宫"再生等等。

因此,笃胤的"欲往黄泉秽国之心调宜止"这句话就很具有说

---

① 日文原文为"物の哀"。

服力。在宣长看来,《古事记》中也写到了黄泉之国的腐烂尸体,因此就不得不予以承认。但笃胤却认为不能因为写在《古事记》中了,就说那是对的。

明确以下三点,会便于我们对笃胤的观点进行梳理。

第一是"灵之柱"的独创性。关注灵魂的人不少,但用"真柱"这一概念来思考的人并不多见。

笃胤指出:"(大倭心)乃突立于磐根严柱岿然不动之教。"他主张灵魂应该扎根的岿然不动的事物之上,日本是万国之祖,因此扎根在那里的灵魂才是最杰出的。

既然这样坚定地信仰灵魂,对于黄泉之国是充斥腐烂尸体的污浊肮脏世界这种说法自然就不会认同。这种脱离污秽以及肉的灵化,构成笃胤学说的尊严之本。相反,那与宣长学说所具有的热情无法相容。

第二是尊重"安心"。这也是在"灵之真柱"的基础上得出的观点。日本是万国之祖,因此其安心也胜过万国,十分奇特。

"安心"可以说成"心的安定",或者"徐然思有所依"。

笃胤似乎认定是两种要素带来了这种安心。

第一种要素与真柱相关。笃胤认为我们所居住的世界有"天地泉三种"。他说,因为那是由"神的功德"赐予的,所以必须熟知"造就天地泉之幸赐"。

笃胤也积极对待死的世界——虽然包括宣长在内,几乎所有人都认为那是污浊的世界——,并将之设定为根本的世界之一。有这样的基础,人便能安心。

泉之国与佛教所考虑的死后各种地狱不同,似乎只存在于想象之中。但是,另一方的地狱作为顽强的世界,其想象程度更为强烈。与此相比,可以说笃胤的思考整理非常到位。那是将三种世界作为前提建构起来的一种世界观。

另外,我们的身体构造也是支撑"安心"的事物。笃胤认为身体是由水、地(土)、火、风这四个要素构成的。古来的思想家以及宗教都对肉体要素进行思考,观点也各不相同。然而不知何故,笃胤将"木"去掉,设为四元。而且,他还认为,水和地残留在这片土地上,其他物体则变形显现。然而,火和风则隐形而变成魂,虽然看不见却的确存在。

只要有这样的灵魂，我们的身体就不会直接去地狱遭受苦难。这应该是通往真正"安心"之路。

如果将火与风视为我们灵魂的构成部分的话，热情和行动力这些事情就容易说明了。另一方面，因为我们生来作为个体，在肉体中并不拥有火与风，所以火与风随着死的到来而隐形这种说法就通俗易懂了。

另外，地与水成为大地而持续存在这一说法也很好理解。

不过，《古事记》中也有幽冥之国，那里由大国主命所统治，因此不得不认定那里也是天地泉之一。如此一来，谁在哪里呢？似乎有别的人种存在，但笃胤将那里视为由神支配的隐蔽之国。虽然现实存在，但那里是幽界，因此看不见。

如果上天世界是神的世界，那么地下世界是神的世界也不为怪。

第三，最后到了死后何去何从的问题。从结论来说，笃胤所思考的死后世界分别成为"去处"。这种逻辑想必会使只考虑形式的人哑然无语。

有人说："神灵以此为住处，镇在未定之处。"总之，就是去自己想去的地方。笃胤绝没有诟病宣长。对于宣长生前将墓址选在山崖上，人们颇有微词。但笃胤却说："宜定镇坐吾之常磐美山，何疑之有？"

因此，他说在那里可以"安宁"，"徐然思有所依"。

就这样，人们分别拥有了自己死后的世界。

这样来看待笃胤的思考，难道不被他的思想之美所折服吗？这是考虑到天、地以及幽界，将上下视为神的世界，将中间视为人的世界的宇宙观。贯穿于其中的是牢固的真实之柱。

可以说，在那之中人类所追求的心灵安宁、悠然的安宁感是唯一的中心课题。

而且，生与死也不会因为世界的不同而有所区别。许多快乐的灵魂分别拥有自己的"去处"，那是令人安心的世界。

这便是笃胤的世界观。

反过来说，宣长又具有什么样的思想呢？

他一味地说"死是痛苦的"，那是因为他始终在生的一侧来看待整体的缘故。宣长曾说遇见美女不由得看上一眼，那也是人之常情，并以此向视而不见的武士伦理提出异议。因此，他始终是个人情主义者。毋宁说，他的最大课题是力图摆脱儒家人情以及佛教无常观的束缚，以追求自由。因此，且不谈是非如何，他试图在人类身上探寻最高价值。

与此相反，笃胤那拥有巨大宇宙生命观的宇宙宏大体系放弃了人类浓厚的情感，成功地描绘出了井然有序的宇宙观。

当然，两人所处的时代不同，宣长已经开辟了"国学"的道路，对于笃胤来说，宣长是他唯一的"国学"先人。

契冲以及真渊，严格地说是文献学家、诗人。但是，宣长是文化史家，而且他没有停留在解读文献的层面，这一点在当今也得到了人们的赞赏。笃胤如果能将这一点发扬光大就好了。

两人之间存在这样的差异。不过，我认为比这更为重要的是两人思想中的南北性。

伊势松阪一年四季都阳光明媚，即便下雨也是轻柔的蒙蒙细雨。出生于那里的商人宣长想必度过了温暖的一生。

但并非全日本都是那样的风土。真澄所说的那种寒冬昏暗的天空与咆哮的大海，以及让鱼儿迁徙的寒雷，那与松阪的风土迥然不同。

在笃胤大约百年之后，秋田出现了一个名叫白濑矗的海军中尉，他因为南极探险而闻名。

他出生于秋田县荒凉的渔村。他曾回想说：故乡的海岸边耸立着骸骨般的岩石，前面是怒涛，后面是狐狼的鸣叫，他是听着那种声音长大的。

而且，他还说他自己从来没有在母亲怀里依偎过。

只能在这样的风土中来描绘笃胤，对于这种做法可能有人会提出异议。尽管他在 21 岁时就脱离了藩籍，4 年后又在江户成为备中松山的平田笃稳的养子。

但是，笃胤的思想出色地摆脱了肉体，并以在那种状态下充分冷冻的抽象论来建构他的宇宙论。我想在其过程中必定添加有日本所拥有的北方要素。

宣长也建构起了日本的一种思想，但日本这样的国土并非只有那样一种思想。我认为日本的地势使各种思想相对化，不断追求中庸来提高酿造度。

三、"北方"的画家洛伦·哈里斯

或许有些唐突，在此想补充一个事例来进一步说明笃胤所提倡的反命题"北方要素"，这也是我开始思考文化中北方要素的一个契机。

加拿大有一位名叫洛伦·哈里斯（1885～1970 年）的画家。笃胤于 1884 年去世，在那大约 40 年之后出生的哈里斯也是一位致力于描绘"北方"的画家。

现在，多伦多郊外有哈里斯美术馆，陈列着他的代表作。1894年，他在多伦多的美术馆举办了以北方为主题的美术展，挪威的蒙库、美国的女画家奥奇芙也一同参展。

哈里斯的作品全都描写冰山以及北国的风景，那是什么缘故呢？画作与题材的关系或许与鸡同鸡蛋的关系有些类似。他曾经担任被称为神知主义的基督教多伦多支部的负责人。

辞典中说神知主义是一种通过深入自然，或者进行神秘恍惚的冥想来直接理解神灵的方法。

而那正是与西欧观念论哲学的不同之处。辞典里还解释说那是西洋哲学与东洋神秘主义相重叠的教义。实际上，他还留下有描写太平洋的神秘作品。

另外，我认为德国的夫里德里克对哈里斯产生过很大的影响。哈里斯年轻时曾留学德国，当时他去看过夫里德里克的大型美术展。夫里德里克的那种致力描写大树上神灵的精神无疑就是在森林覆盖的德国土壤中产生的。

按照基督教的说法，崇高事物的本质即便显现，那也会以冰山孤独、壮观的形象出现。

按顺序来说，哈里斯受到了夫里德里克的影响，在多伦多曾经热衷于神秘主义，而且他还对亚洲思想中的灵魂有深刻的理解。

那么，哈里斯他自身试图描绘什么呢？我整理为以下三点：

第一，建构人类普遍的兄弟关系之核心；

第二，着力对宗教、哲学、科学进行比较研究；

第三，追求自然中尚未得到解释的规律以及人类的潜在能力。

这些乍看与绘画没有什么关系，其实并非如此，因为哈里斯希望通过描绘遍及人类的爱来实现全人类的团结。在前文中，我使用了西欧、亚洲等地区性的表述。但我认为哈里斯曾经追求超越那些的宇宙性的东西。

上述第二个要点是，在宗教、学术当中，另外在学术的人文科学与自然科学当中，这些往往是分离的。哈里斯大概是将那些作为小异而加以舍弃，而致力于寻求人类的大同。

最后，他希望发现隐藏于自然界事物的形象以及人类的真正本质。他想在画布上描绘的就是他的这些追求。然而，他所追求的对象是"北方"，而不是"南方"，这一点十分重要。

这里所说的北方，更准确地说，是北极之心。穷尽万象之后看到的北极，那便是哈里斯所追求的东西。

那样一来，笃胤的精神追求也就开始与他有缘。

明治维新的志士们通过平田神道继承了笃胤的思想，因此笃胤很容易被视为狂热者，但他并不是狭隘的国粹主义者。他对被称为"立学"的道教思想也有所理解，还曾通过易学来探寻天地原理。基于这一点，他拥有在前文中论述过的宇宙性的生死观。另外，将日本视为万国之祖，也是因为他具有关于外国的知识。

我认为笃胤的思想中有对人类普遍的兄弟关系的思考，哈里斯也试图超越宗教等各种学说。就这一点而言，不管怎么说，笃胤将国学视为文明学，以国家为单位来思考文化的应有状态，所以他具有更加专业性的综合意志。

笃胤重新定位了宗教与人类的关系，没有因为古典中写了走向黄泉之国便将黄泉之国理解为幽界，也没有轻易信奉阿弥陀佛，他在努力地探寻看不见的规律。

不过，笃胤还是有些偏激，因此多年的友人佐藤信渊也逐渐离他而去。在这一点上，神秘主义也有些走过头了。不过，神秘主义与笃胤的比较研究是今后饶有兴趣的文化课题。

总之，宣长与笃胤虽然同样立足于国学的地盘上，但仅就生死观来看，他们之间存在对立。尽管如此，两人都是近世的思想家，在思考日本文化构造时，这一点具有重要意义。

中庸文化的形成

一

我曾听说过这样的事情。

夏威夷开着一种像蓟的花。不过，那种花只在树枝上开放。关于那种花，还有一种古老的传说，说是摘那种花就会下雨，因为雨是它的朋友，会为它流泪。

听了这件事，我有些感动。这种传说既不是现代人创作的童话，也不是用来哄小孩的故事，那在夏威夷代代相传至今。

雨水对古代人来说十分重要，自古以来祈雨的巫师遍及世界各地，日本神话中出现的素戋呜尊就穿着蓑衣在雨中流浪，有人说因为他是祈雨的巫师。因此，这个故事肯定与巫师摘花祈雨这种习俗相关。在今天看来，梦幻般美丽的东西其实常常是古代的巫术。

因此，在夏威夷，直到 20 世纪的现在，古老的信仰以美丽童话这种形式保留下来了。知道这样的故事，就无法舍弃惜花的心情。人类不能无视自然发出的这种信号。

在夏威夷，据说同样是红花的扶桑具有一种寓意，那是人生之花(flourishing of life)，能给人带来温暖的幸福感。

这里的扶桑不单单是植物，甚至还可以说是与人的心灵紧密相连、肉眼看不到的幸福感的象征。

有趣的是，在冲绳的久米岛，人们用扶桑来供奉祖先之灵。在祭祀祖灵时,人们都会带上扶桑。因此,有人将扶桑视为死的象征。

在日本本土,人们将石蒜称为"死人之花"。不只是因为样同是红花。石蒜在春分时节开放,与祭祀祖先灵魂的时期一致,因此被人取了"死人之花"这么一个不吉利的名称。不过,就这一点而言,那也是很重要的花。

冲绳的扶桑与本土的石蒜一样,都是祖灵的象征。

在冲绳,人们并不把死人视为不吉利、污秽的存在,生者与死者之间并没有很大的距离。

因此,既然生者有繁盛(flourishing),那么死者的人生也该如此。给死者献花,恐怕是让死者真正具有死者的人生(flourishing),而不是用花饰来安慰死者。

说来,日语中的在"はな"(花,hana)这个词是"顶点"的意思,而"さく"(咲,saku)这个词则是迎来最佳时期的意思。因此,"はながさく"(花开)是呈现最佳状态的意思。另外,"さく"与"さきわい"(幸,sakiwai)词根相同,所以对日本人来说,幸福与花开的状态是相同的。顺便说一下,在韩国,"はな"是"一"的意思。

这样看来,我有一种预感,夏威夷依然残留着丰富的古代性,那与日本非常相似。的确,日本人巧妙地将古代性与现代性协调,一直将之保留到今天。

日本人并不是那么严格地区分自然与人类,生活与自然有着密切的关系。例如,在吃饭前一定要说"我吃了",吃完之后要说"我吃好了",大家都那样做,甚至还有人一边说一边合掌。

那是日本人对食物这种自然恩惠表示感谢。基督教徒在吃饭前祈祷,但那是对具体的神表示感谢,日本的做法意思与那不一样。

尽管现在下雨对人们的生活影响并不是很大,但日本人在日常寒暄时还是会说"天气真不错呀!""下雨烦死人啦"什么的。

我认为古代人处于由自然草木、天象以及动物构成的一个整体之中,就像天上出现闪电稻谷收成就好一样。关于这个问题,以前我进行过详细的阐述。①

但并非只有古代人才这样思考。例如有一种雨蛙，人们说雨蛙鸣叫就会下雨。

这种说法似乎有点迷信，在自然科学发达的现代，这么说会被说没文化。

但这并不是愚昧的迷信。闪电为稻谷的发育提供了必要的营养氮，雨蛙在一定的湿度下会鸣叫。伯氏树蛙对光的亮度以及湿度十分敏感，如果太明亮、太干燥就不会鸣叫。

由此可知，日本人所保留的古代性与现代性并不矛盾，不必有意识地进行探讨，毋宁说那是在无意识中进行取舍，将值得保留的古代性原原本本地继承下来了。

现代日本人在科学技术方面走在前沿，日本的计算机、照相机以及手表在世界上享有盛誉，可以说日本人对科学的适应性很强。

另一方面，这样的日本人居然说雨蛙鸣叫会下雨，这两者的和谐共存令人惊叹。

究竟为什么会出现这种情况呢？那恐怕起因于日本人不是按图式、公式去思考事物，不认为非白即黑，不把人明确地分为敌我来交往。因为东西有时白，也有黑白相间的情形。一个人既可以是敌人，也可以是朋友。日本人以这种通融性来应对事情。

因此，不会把传统的东西视为落后的东西。日本人认为，现代的东西好，传统的东西也不错。

那么，日本人是不是极不负责任呢？是不是满脸堆笑、优柔寡断的民族呢？

不是那样。日本人对细节都很在意，珍惜每一件事，其结果是充分发挥各种事物的长处，将之摄入生活之中。气势恢宏地网罗一切，不管什么都兼并包容，看上去让人感觉有些凌乱。

当然，生活这种容器的容量是有限的，因此有必要舍弃一部分东西。不过，日本人不会因为笼统地说由于陈旧，便将闪电、雨蛙这些舍弃掉。

日本人并不是好斗的民族（当然，也有一部分人误入歧途）。

———————————

① 中西进：“日本人的自然观”，《文学界》1994 年 6 月号。

这与古代性、现代性不是相克,而是和谐相处性质一样。如果存在两种矛盾的事物,那么应该深入两者内部来协调它们的关系。

被称为辩证法的欧洲逻辑学通过明确两者的对立关系,来扬弃正反的两者并走向统一,这种方法非常了不起。但日本人从处于正反的关系中找出共同项,将两者从正反的关系中解放出来并使两者融合,这种方式与辩证法正好相反。

毕竟日本最古老的宪法,即 7 世纪初的《宪法十七条》中的第一条就是"以和为贵"。应该说,和谐精神在一千四百年间是日本人精神的根本。

这样来阐述"和"是有理由的。日本在 7 世纪初有许多渡来的集团,存在政治、文化上的对立。

在那种状态下,为了建设统一国家,首先需要"和"。

如果多个集团的对抗带来了对"和"的尊重的话,那是不幸中的万幸。因为当今仍能看到"和"所带来的出色成果。

现代日本人对汹涌而入的欧洲现代文明并没有惊慌失措。追根溯源,那多亏了最古老的宪法。另外,虽然吸收现代文明,却依然保持着对自然的亲近感,以及被认为简直就是时代错误的泛神论自然观,丝毫不让人觉得矛盾,那大概也是因为最古老的宪法培养出了日本人这种精神基本构造的缘故。

二

日本人生活在和谐之中,那意味着存在多元性,前文中论述过的古代性与现代性便是如此。

日本人擅长协调这种二元性事物。而且,这种特色在其他各种文化要素中也有所体现。

南方文化是日本文化的源泉之一。过去,民俗学家柳田国男曾假设存在"海上之路"这种文化传播的渠道,那是说有文化从南方的海上传入日本。

既然日本列岛的海岸被黑潮所冲刷,那么谁都无法否定这一渠道。文化通过空路传入日本是最近才发生的事情,此前的文化都是通过船只从海上传入的。可以说那主要是通过南方的渠道。

这条渠道历史悠久。例如,8世纪成书的日本最早的历史书《古事记》中有"放眼望去,可见槟榔之岛及其他"这样的内容。这里所说的槟榔,是见于11世纪文献中的一种椰子。在冲绳,现在被称为kuba,其加工品是与那国岛的特产。

也就是说,kuba树很早就被带到日本本土,贵族所乘的车子就使用了这种木材,生长着那种树木的岛屿也进入了想象中的世界地图里。

柳田国男在《海上之路》一书中对以上内容进行过论述。到了17世纪,代表日本文艺的俳句作家以"芭蕉"作为自己的笔名。他原本使用的是桃青这一笔名,后半生因喜欢芭蕉树,而将那种植物名用作笔名。而且,芭蕉与椰子同属一类。

仅从椰树这种植物的例子便可看出,这种南方树木的异国情调一直是走在时代前列的典型形象。柳田国男提出"海上之路"的说法,是因为他19世纪末在渥美半岛海岸发现了漂流的椰子并由此受到启发,这一点广为人知。

因而,日本从南方海上输入文化,自然具有南方型、海上型的精神倾向。

日本人在根本上是开朗、开放的。14世纪著名的散文家吉田兼好曾说:"建房宜主要考虑夏季"。日本在居住上首先要考虑夏天如何过得舒适。窗户大、采光好,这是居住的条件。

而且,这种精神会偏好水平型。如果将之与垂直型进行对比的话就会发现日本人不重视结构。乍看日本人主从关系强,具有垂直型人际关系,但江户时代主君与臣下的关系未必严格、未必绝对。而且,商人家的等级关系也不严格,并不完全是通过血缘关系来维持。

我有一种强烈的印象:毋宁说儒家思想的故乡中国具有垂直型构造。儒家思想力图制约一部分武士的伦理,但一般日本人却在那之外。

这与在前文中论述过的日本人具有水平型精神、以水平思考为根本的非纠葛倾向也是一致的。那不是说垂直叠加,作为构造体具有立体性;也不是说按照辩证法画出三角形,同时描绘构造。

因此,虽说是水平型,但不形成希腊式的公共广场,而是彻底的无限水平型。

日本都市的整理方法常常受人指责。在欧美,在编门牌号时说"某街某号",是按街巷来编号,街的左右有时分为奇数号与偶数号。

然而,日本是按块来编号,将一块一块分成町目,在里面再编号。也就是说,房屋背对着街形成一块,街只不过像是块与块之间的分割线。

这与欧美房屋隔街相望,街起着社区间桥梁作用正好相反。

当然,欧美并非完全没有按块整理的习惯。但大致来说,不重视结构的日本方式在这里也有所体现,更不用说都市没有建设用于对话的公共广场。几个片区相连,那就是日本的都市。

三

水平型是日本人心性的根本。不过另一方面,也存在针对水平型扩展的凝缩向量,那正是日本的二元性。

以文学为例,篇幅宏大的屠格涅夫以及托尔斯泰的俄国文学作品等家喻户晓,但能耐心通读的人并不多。日本现代小说的作家现在多在写一些抒情的短篇小说。

就这一点来说,《源氏物语》是少见的长篇作品。有人说那原本是口述作品,对于这种观点,我表示赞同。那大概是篇幅变长的最大缘由。

俳句、和歌是日本人的国民诗,具有非常鲜明的日本特色。这种通过凝缩来抑制表现的倾向与在前文中论述过的开放的水平性可以说是完全相反的力量。

另外,我认为日本佛像的造型也具有罕见的凝缩性。日本佛像因时代而异,经历了飞鸟、白凤时代①得以成型的天平佛像不是粗犷地表现内在力量,每尊佛像就如同一个宇宙,展现出美丽和谐

① 译者注:飞鸟时代指 6 世纪末至 7 世纪初都城设在飞鸟地区的时代,白凤时代指从大化改新(645 年)至平城京迁都(710 年)的时代。这期间,日本文化深受大陆文化的影响。

的姿态。

换言之,可以说这是肉体的抽象化的过程,这一点在能乐这种艺术形式中也有所体现。能乐要求观众有一定的欣赏能力。能乐绝不会为了妇孺皆知而通俗化。能乐在大约 7 百年的历史中,一心追求形式的完美,在表演时不做任何解说。如果不理解这种形式主义的极致,就无法进行鉴赏。

通过凝缩形式、抑制感情来追求肉体的抽象化以及高度的精神性,因而达到了这种极致。

有趣的是,日本后来又出现了歌舞伎这种演剧。那具有强烈的表演性,舞台华丽且感情表现不受拘束。因此,也可以说那与晴朗的开放性很协调。

以上所论述的是极少一部分事例。即便就这些来看,对日本文化中凝缩与抑制的力量也绝不能低估。我们不能无视这些,而只说日本文化是晴朗的水平型文化。

那究竟是怎么回事呢?我是这样考虑的:

我认为在晴朗的水平型生活中,日本人拥有一种时常对之进行反思的意识力量。在前文中曾言及过南方的"海上之路",此外日本还有一个北方的"海上之路",由那里带来的是寒冷、严肃、精神紧张的文化类型。那是由雪、冰这些事物所暗示的文化。

我认为那起到了使日本文化始终保持紧张感的作用。

后来,那超越地区性条件,作为普遍的应对生活的意识将日本文化相对化了。

而且,由于起抑制作用的是"意识",所以对精神高度就有所要求,并试图将物质性转换为精神性。像这样,虽然总是协调二元性(或者多元),力图使之一元化,但永远是二元(或者多元)的日本文化丰富了人们的均衡感,形成了一种构造。极端一点说,在那种构造下,像纳粹主义那样的思想也会遭到挫折。由此我认为,日本人及其文化充分具有相对型的长处。

文化与"极"——椭圆文化圈的构想

一、凸轮运动与日本文化

狂言中有《不生气》这样一个曲目,其名称因流派而有所不同。《不生气》的一节中有以下内容:"他是东国的一个出家人,从未去过上方。此次进京,来此地游玩。如有好地方,想去看一看,且上路吧。"我想这是"上方"这个词的最早用例。

狂言的形成年代很难确定,或许是在中世纪之末、近世①之初吧。在 16、17 世纪之交,第一次出现"上方"这个词。如果只有一方而没有另一方,就不会有"上方"这种说法。因此,只有在"东国"这个说法确定下来以后,另一方的"上方"才能够确定下来。

我在思考"文化的椭圆运动"。

首先有"圆",首都就是圆心,于是形成了以首都为中心的文化圈。在日本古代,首都先是在奈良,后来迁至京都,形成了以那些地方为中心的圆形文化。

但到了中世、近世,在关东形成了另外一个中心。即以镰仓以及江户为中心形成了另外一个"圆"。像这样,一个文化圈拥有两个中心。如果将其中的一方称为"东国"的话,就形成了以"东国"

---

① 译者注:在日本史上,中世纪指镰仓时代(1185～1333 年)、室町时代(1336～1573 年),近世指安土桃山时代(织田信长、丰田秀吉掌握政权的时代,1568～1598 年)、江户时代(1603～1867 年)。

为中心的文化圈与以首都为中心的文化圈。我认为这种两极构造是日本列岛的一大特征。

这种状态出现于古代即将结束的时代。其结果是，即便双方的强弱大小并非完全相等，但在整体上日本文化分别以首都或江户为中心展开运动，一旦形成一个文化圈，日本文化就成了椭圆形。

如果轴心不在正中，那么其圆周运动与正圆是不一样的。具有圆周不同的轴心运动，那是椭圆运动，又被称为"凸轮运动"。也就是说，可以说作为运动体的日本文化是"凸轮运动"的文化。

说来，正圆运动比较单纯。流行一般都是从首都兴起，然后逐渐传播开来。前不久在年轻女性之间曾经流行一种叫索瓦热（sauvage）小波浪卷发。年轻人的时尚常常是从东京的原宿或者六本木兴起，然后传播至日本各地。

索瓦热是野蛮的意思。好像野蛮人的风貌在历史上一直很受追捧。在中国，波斯的习俗曾在唐代大为流行，现代的耳环也是如此。特别是女性喜欢模仿野蛮人的风貌。比方说，以首都为中心逐渐传播开来，那就是一种正圆运动。

柳田国男提出过著名的"方言圈论"，认为随着都城方言逐渐传播开来，出现空心状态。于是就有外地方言进入其中，然后再逐渐传播开来。接下来又会有新方言进入，因此都城周边会留下较古老的方言。

松本清张的小说《砂器》就运用了这一学说。因为受害人说的是东北方言，所以警察以为他是东北人，但其实他是出云人。方言以都城为中心传播开来，那在东北以及出云地区作为方言保留下来了。这就是方言圈论。

也就是说，柳田国男认为日本具有单一的轴心。

而我则认为另外还有一个回转轴。也就是说，应该将日本文化作为展开椭圆运动的文化来思考。柳田所设想的方言定位作为一种根本构造的确存在，但另一方面也存在凸轮运动，这其实是日本文化中一个饶有趣味的课题。

二、"上方"以前的都城与僻壤

"凸轮运动"是日本的整体倾向。让我们详细看一看在明确形成两极以前,即出现"上方"以前的时代。

这个时代,都城设在奈良以及平安,周围都是僻壤。在这个时代,只存在都城与僻壤这种对立。而且,僻壤是地地道道的僻壤,都城是地地道道的都城,价值观很简单。例如,在《万叶集》中有"东歌",在中国地区①,一说起"东歌",就是"乡土之歌"的意思。

在《万叶集》中,"东"具体指关东地区以及部分中部地区,在这里并没有简单地断定"东方是僻壤"。《万叶集》中记载:东国的防人献上和歌,剔除了其中拙劣作品,只剩下优秀作品。

另外,东国的女性赠歌给前往都城的丈夫说:"现在你去都城,肯定会与大和女性亲睦","请不要忘记我这个东国之女"。这样的和歌催人泪下,且不失幽默。这些材料都证明当时的文化归于一极。

对于僻壤,既有轻蔑,也有恐惧。都市的文化有些柔弱,土著的自然更有力量。

例如东国有虾夷人,虽然野蛮却被认为力量强大,住在都市里的人向往他们,有人取名"虾夷"。例如大臣有苏我虾夷,武将有佐伯虾夷。另外,还有叫苏我马子的人。马子被埋葬在飞鸟大石舞台。马这种动物是东北的象征,因为向往那里的事物,所以取了"马子"这样的名字。"虾夷"与"戎"一样,都被视为野蛮人,在《后撰集》中也出现了"虾夷"这个词。

在大约同一时期的《伊势物语》中,东国人创作了和歌。然而,他们是乡下人,因此有人怀疑他们水平不行。这种以一点为回转轴的都城对僻壤的时代持续了很久。

然而,当"僻壤"逐渐拥有一定力量之后,日本文化开始从"圆周运动"变为"椭圆运动"。不是一下子改变,而是逐渐改变。

从镰仓幕府的源赖朝(1147~1199年)那里可以看出最早的变

---

① 译者注:指本州西部的冈山、广岛、山口、岛根、鸟取5县所在的地区。

化方式。赖朝性情温和,常常坐着一动不动。我曾听说人在站着的时候,大脑的思维活动会降低 30%。从这一点来看,正如"智者宜坐"这句话所说的那样,赖朝是个典型的坐着的智者。

坐下来可以思考各种各样的事情。他通过四通八达的渠道即时收集信息,并以那些信息为武器与都城保持联系。僻壤与都城逐渐开始相对化。

而且后来的德川幕府在江户建设了与都城无异的都市,将空间人工化了。那种将空间人工化的方式是从都城学来的。例如,都城有比睿山,因此将江户城东面的上野山视为比睿山,这样来模拟都城。在飞鸟山种上许多樱花树,在江户建起像都城醍醐那样的赏花之地,以此再现京都,建起了作为对等结构体的另外一极。

就这样,随着东方力量日益增大,甚至有人说江户是都城,以往在极其强固的一极形成文化的状态被相对化了,逐渐双方势均力敌,形成对等的文化。

大约从那个时候起,开始出现"上方"这个词。估计《不生气》就是那个时代的作品,其中首次使用了"上方"这个新词。

三、潜在的事物

那么,我们思考在"上方"这种说法出现以前的"上方"时,应该关注什么呢? 是不是说,不存在被称为所谓"上方文化"的构造呢?

并非如此。僻壤是作为与都城对立的一极发展起来的。所以,在上方以前的文化中应该存在构成两极文化基础的事物。如前所述,通过信息和模仿这两种手段形成了两极。不妨认为,都城是在那样的基础上将部分文化分给了东国。那么,分了些什么呢? 另外,又是怎么分的呢? 这些问题可以作为凸轮运动文化史上的古代文化来思考。

我认为,后来分给的东西已经潜藏着。因此,潜藏着什么事物,这是需要我们把握的。

就潜在这个问题来看,例如擅长弹钢琴的孩子,在二三岁时能力就得到了锻炼,只不过自己没有意识到而已。认为那孩子具有潜在能力的想法是正确的。

据京都大学大岛清教授称,过了 8 个月,胎儿能够听到母亲心脏的跳动声,这一点最近已经通过实验得到了证明。"打屁屁""睡觉觉"这些儿语之所以同音重复,据说与婴儿在母亲腹中听到的心脏跳动声不断反复有关。这大概这也是潜力的一个例子吧。

歌人大伴家持(718~785 年)让人感受到领先于时代的"潜在的诗心",我认为西行(1118~1190 年)也是感觉到潜在的乱世才出家的。

总之,称为"运动"以前也好,如果不更加关注那一类事物的话,就无法理解运动体。

如果只作为地区名来看上方和东国的话,性质会有所不同。毋宁说,如果没有"上方"这种想法的话,到后来就不会出现"上方"。因此,我认为"上方"作为潜在的东西原本就存在着。

四、自在

因此,我认为"上方"处于一种自在的状态。

在这里,想先简单地就运用"自在"(an sich)这个概念的理由进行说明。

如果将黑格尔辩证法通俗理解的话,首先有"正、反",然后"合"起来。但我以前曾经指出日本文化并不崇尚辩证法。有"正"和"反",然后再"合",那是一种三角形的思维方式。日本人不适合那种图形思维,通常日本人采取的是线性思维方式。

平安时代的古文有时很拖沓。与其说那是逻辑性的,不如说是情绪化的文章。图形中有角,但日本人不太喜欢角。

日本独特的文学体裁报刊小说以一天为单位持续。虽然那必定成为平凡的连续,但那符合日本人的特性。《源氏物语》就是典型的报刊小说。

但是,欧洲人采取的是图形思维方式,并且按照"正反合"的三角形来思考。如果以文艺复兴的画作来说的话,就是三美神的构图。

因此,辩证法是典型的欧洲思维方式。在这样的背景下,说文化的运动体呈现辩证法的展开过程,说起来就非常方便。

那么，"自在"是什么意思呢？那就是自身，而且是处于不发达阶段的自身。

与之相反的是"自为"（für sich）。也就是与自己相对立的自己。从以前的自在的状态发展起来，否定以前的自己。作为否定的契机而出现的自己的对立物，那就是"自为"。

自在是其本身的状态，例如水壶本身的状态。不过，黑格尔所思考的"自在"状态并非如此，他是在对之加以改变的层面来思考的。"不管别人怎么说，我不想继续接受教育，我不想改变什么"——这种生存方式不是"自在"。因为一直存在变化这一前提，让自己处于那种状态下。我认为这种将事物作为运动体来把握的方式比较合适。

现在我们谈的是从上方以前到上方的变化。那个时代的变化极其重要。

它本身还处于欠发达的"自在"状态。但是，从"自在"状态发展起来，对"自在"本身进行否定。作为对那种东西的否定，也即作为"自在"的对立物而出现的就是"自为"。

黑格尔的这种方法，在思考上方的诞生时非常有用。在上方和上方以前的事物当中，存在"自在"和"自为"。如果在后来的文化运动中来思考的话，在形成上方以前，不久就有了"自为"这种东西朝上方移动，我认为存在那样一种东西。

五、神圣空间

接下来要谈一谈潜在性以及"自在""自为"这些东西的具体体现。

首先，古代有一种"神圣空间"的观念。也就是说，在以生活为中心的空间之外再建构一种神圣的空间。可以说，这是潜在的上方构造。

当时还是单极构造。但即便在只进行圆周运动的古代，人们也希望建构"神圣空间"。

例如，我不得不这样来设想，在万叶时代，就将不同于都城的吉野视为"神圣空间"并高度重视。天皇屡屡行幸吉野，那不是个别天皇的问题,应该将之作为社会构造的问题来思考。在人类社会中,存在一种必须建构"神圣空间"的必然性。

在平安时代,诞生了《滨松中纳言物语》,主人公滨松中纳言去了中国,因为父亲在中国转世为王子,所以想去那旦与父亲相见。然而,他在那里与中国的王后恋爱,然后中国的王后又在日本转世。

而且说是在吉野的公主腹中转世,不知何故吉野在那里冒了出来。

《阴错阳差物语》是说将男儿做女儿养,将女儿做男儿养。在两人长大成人后,经与吉野的贤人商量,都变回各自原来的性别。

吉野出现的次数多得令人不可思议。总之,当时存在着不建构"神圣空间"就无法维持平衡的构造。

另外,就《源氏物语》来说,在本篇的 44 回之后,还有宇治 10 回。因在都城政治斗争中受挫而"遭人轻视的故宫"身居宇治,光源氏后代的故事就从那里开始。可以说,针对以京都为中心的光明面,在此设定了宇治这样的阴暗面。

这样一来,可以看出人们总是想建构另一个世界的构造。

其实,还有一个他们梦中的西方世界,那就是筑紫。

都城在"大和",都城圈到须磨为止,而明石属于另一边。那里界限分明,不论在万叶时代,还是在《源氏物语》中都是如此。

中间跳过一些地方,远方还有一个叫筑紫的地方。筑紫是外来文化进入的大门,但从都城来看却是偏远的流放地。从那里上京来的玉蔓就像他的名字一样是虚幻的存在,被视为从异界来的异国人。筑紫也是一种异界,是"神圣空间"。

因此,筑紫又叫"远之门",是与都城相同的小朝廷,具有独立王国的倾向。那里还有从藤原广嗣到足利尊氏①的系谱,他们认为在那里造反就能够与都城相抗衡。

因此,在古代,人们力图建构像吉野、宇治、筑紫那种另外的世界。但是,这些还不是在前文中提及过的另一个中心,那只不过是

---

① 译者注:藤原广嗣(? ～740 年)是奈良时代初期的朝臣,曾在北九州举兵;足利尊氏(1305～1358 年)是室町幕府的第一代将军。

潜在的两极。

　　冒昧地举一个浅显的例子。最近父亲在家里成为多余的人，甚至还有笑话说父亲在家里被家人当垃圾对待。正如社会需要"神圣"的东西一样，社会同时也需要一些"世俗"的东西。如果将垃圾汇总在一起，社会就能安宁。相反，也曾有过将父亲视为"神圣"的存在，家庭和谐的时代。如果完全没有那样的东西，秩序就难以维持。在现在的家庭中，似乎是将垃圾全部扔到父亲那里，相反把母亲视为"神圣"的存在，并以这样的构造简便地维持着稳定。

　　不论在哪个社会，不论什么问题，都是那家伙不好，都是那家伙的责任，把所有事情都推到那种人身上，那样社会会比较稳定。

　　中世纪抓魔女便是如此。与魔女相反的一面就是"神圣"，多么可悲的人类社会呀！有贞德（Jeanne d'Arc），有天草四郎①大家便团结一致，就是因为有这样的想法。就这一点来说，"神圣空间"绝对是必要的。

　　既需要地狱，同时也需要极乐世界。如果不知道什么是极乐世界，什么是地狱，那么就会陷入不安的深渊。因为有这样的人性，所以必然会出现建构"神圣空间"的事情。那在日本的古代或是宇治或是吉野以及遥远的筑紫。

　　在后来的两极文化中，想必也存在这种对于神圣、世俗的认识。并不总是一味地决定哪个是神圣的，哪个是世俗的。不过，根据各个时代的形势变化而两极分化，就在无意识中起到了稳定社会的作用。"上方"也是在那种状态下被期待的东西。

六、律令

　　其次，日本的古代也存在律令制度。严格制定律令并遵照执行，这种做法也同样能起到"神圣空间"的作用。在上方与东国，都存在与律令等值的作用。我认为那种作用形成了另外一个"极"。

----

　　① 译者注：贞德（1412～1431年）为法国女英雄，在英法百年战争中拯救了法国；天草四郎（1621～1368年）为岛原之乱（1637～1638年）时的首领，守城90日后战死。

在前文中阐述过的"神圣空间"是极其分明的地区性事物,而律令则是精神性事物。在精神上与"神圣空间"等值的便是律令。

古代日本从中国引进了律令。在中国,律令制度涉及方方面面,可以说相当繁琐。例如,在结婚等十个阶段,都必须得到许可。那种制度后来传入日本。日本在律令以前顶多也就有《宪法十七条》。因为接受了律令,生活变得有秩序了。如果不赋予律令以绝对的权力,国家就无法维持。

律令拥有相当大的权威,甚至有人在念咒时在木札上写上"紧急如律令"。

说起来,星号以前也是一种驱除妖魔的咒符,曾经还是遥远的希腊毕达哥拉斯学派的徽章。后来,那传播到各地、成了军队的徽章。因为能驱除妖魔,所以士兵全部佩戴。潜入海中的海女身上也画上星符,用来辟邪。写"紧急如律令"就是极其生活化的状态。

这样一来,似乎对官府的权威有些揶揄,然而律令在相当程度上也制约了人们的生活。人类在放任状态下总会抱有不安,如果归属某种事物的话,就会感觉心里踏实。例如,儒家思想至今仍然构成日本的道德基准。总之,在某处找到自己的位置就行了。遵从孔子的人际关系学的话,就能平稳生活。

同样道理,遵守律令也能平稳生活。那么,这样一来我们不妨认为当时人们制定律令是为了建构精神上的另一个世界,那是显示人类自然要求的两极构造。

就这样,围绕古代律令潜在的双重构造,由于后来设置了东国这一具体的文化中心地区,逐渐形成了实际的双重构造。随着东国力量的增大,反过来又设定了上方,我认为存在这样一种构造。

七、形成上方的力量

后来的镰仓以及江户在日本历史上形成了一方的东极。但如果说另一方的西极必然会出现并被称为上方,那显然缺乏说服力,因为需要使上方成为上方的力量。

那么那是怎样一种力量呢?这么说或许像是僻论,在东部形成了另外一个都市,毋宁说那里就是首都,而以往的中心变为对极的事物。我认为上方就是这样形成的。

至少上方能采取非都城的立场，我认为那就是上方的能量之所在。总之，都城成了一种权威，权威不具有实力。实力是自由的，是被称为"野蛮"世界的力量。因此，形成了京都与大阪联合起来的联合都市，那里成为"上方"。特别是在 17 世纪，我认为存在上方的力量。

比如，大阪的井原西鹤（1642～1693 年）以及近松门左卫门（1653～1724 年）的文学就没有都城意识。不论是西鹤还是近松，我认为他们都是作为人在进行表现。近松非常强烈地表现了顽强的人性，因为他说即便是"情死"，也不单单是死去，尽心乃死之原点，两人一起去死就是尽心。

我认为在死亡中添加浓厚人性的这种文学才是上方文学。那不是朱子学至上的武士的价值观。在《曾根崎情死》中，男人在悬崖边用自己的喉头顶住正要寻死的妓女的脚，对她说："我们一起去死吧！"那相当色情，这样的人形净琉璃①中所表现的人性极其丰富。

那是体内具有乡土气息的第二性的都城特性。因此，上方是非常有趣的构造。过去，都城是与僻壤相对的另一极。但由于在相反的一方又形成了一极，整个日本变成了发生凸轮运动的文化构造，上方总是一边增大力量一边展开运动。

因此，上方是包括京都、大阪在内的文化概念，这一点很重要。上方作为有别于这两地的事物，应该与江户这种相反的极进行比较分析。实际上，当时也是那么被认识的。正如俗话所说的那样，有"京之梦""大阪之梦"。

当然，京都与大阪之间存在很大的差异。同样有俗话说，"京都人穿破产，大阪人吃破产"。但现在讨论的不是首都的问题，而是文化的问题。文化之极始终在"上方"，而那与江户是对峙的。

---

① 译者注：日本的一种木偶戏，用日本三弦伴奏。

八、半咸水的生态系

大阪对于上方相当重要是有相应理由的。因为大阪是日本最早繁荣起来的地方,那里有半咸水圈。

海水与淡水交汇形成半咸水,那里的生态系丰富,有各种各样的生物栖息,人们容易过上富裕生活。而且,因为还有沃野,能开辟很多田地,水产品也很丰富。

大阪位于淀川与大和川的河口。大阪的半咸水区域是被夹在那两大水系之间的日本最大的河口地带。

另外,船只在淀川上往返,将大阪与京都连接起来。以那种半咸水圈为中心、具有丰富生态系的地方是整个上方的基础。因此,不妨认为这样的地理条件是上方之所以成为上方的生气勃勃的能量。

当然,江户也有利根川的河口。正因为如此,太田道灌(1432～1486年)在那里修筑了城池。但江户并不是经历了几千年历史的生活空间。相反,淀川、大和川的河口首先是日本这个国家的诞生地。河内、摄津、和泉国之地是吸收外来文化以及广阔海洋文化的最大基地。

在很长一段时期,从那里登陆的文化首先在上方生根开花,然后传播到江户。江户文化与其说是直接从海上传入的,不如说是通过长崎、堺等地输入的,那并不是直接由利根川半咸水圈孕育的文化。

日本最大的半咸水圈,那是旺盛生命力的源泉,我认为是它成就了上方。

从熊野思考日本文化

一、流离

日本国土由长条形列岛构成。南北跨度大,大约从北纬25度至北纬45度。这样的跨度相当于从美国西雅图附近至墨西哥中部。不用说,日本文化的形成与这一点紧密相关。

纪伊半岛南端的熊野集中体现了这种状态。自古以来,日本人寄托在熊野的思绪似乎就是此列岛上居民的精神表象。

说来,熊野到底是怎样的地方呢? 以前人们认为"熊"(kuma)与"隈"同音,指远离中央朝廷之处。但我认为那原本是"koma野",也就是外来者居住地的意思。能登半岛的"熊来"是"koma来",该地的神社传播着渡来文化。山口的"熊毛"大概也是同样的地名。

在日本,不少地方都有熊野这样的地名。古代各地的熊野神社的祭神是素戈鸣尊(丹后熊野郡、近江高岛郡)、ketsumiko神(纪伊牟娄郡)和kushimike神(出云意宇郡),ketsumiko以及kushimike被视为素戈鸣尊的别名。总之,各神社都以素戈鸣尊为祭神,而以素戈鸣尊为祭神的神社有不少是韩神之社。

说来,传说中新宫的速玉神社本身就是素戈鸣尊从出云所至之地,我认为基本上可以肯定熊野就是"koma野"。

准确地说,来到熊野的渡来人不仅是韩人。传说徐福也是从熊野波田须登陆的。为了替秦始皇求长生不老之药,徐福在寻找蓬莱岛时来到日本。我认为波田须（hatasu）与秦（hata）是有关联的。

　　当然，徐福是虚构的中国渡来人。徐福登陆的传说在佐贺县诸富町也有，那说明同样的渡来人存在于日本各地。新北神社同时祭祀着徐福和素戈鸣尊，这一点很有意思。

　　另外，日本初代天皇神武天皇也是从九州到达熊野的。将登陆地称为神之崎、佐野，大概也是因为具有圣地意讯。据说在那里登陆的神武天皇登上了速玉神社内的神仓山，后来坐镇熊野的荒坡。荒坡大概就是现在的二木岛。

　　这样一来，"koma 野"就不再特指韩半岛，让人觉得那泛指从海外渡来者造访之地。韩（koma）、唐（kara）是泛指海外的词语。

　　熊野对日本人来说是重要的地方，因为那里被视为初代天皇的登陆地。之所以会在悠久的历史中被视为圣地，以上所论述的该地的外来性便是其中的一个原因。

　　但外来性同时又是外出性。据说神武天皇坐镇熊野的荒坡时，"稻饭命"从这里出发去常世国。常世是永远的乐土，熊野就是通往永远的乐土的出发点。

　　同样的故事也见于神话之中。说"少彦名命"也是从熊野的岬角前往常世国的。这里出现的熊野被认为是出云的熊野，但同行之神后来说："终于到了出云国"，可见那里不是出云。

　　徐福所追求的也是常世。对于徐福来说，应该说熊野是与常世相连的中转地。

　　常世作为永远的乐土，是这个世界以外的世界，也可以说是异界。不过，死的世界是负的异界。神话中记载着素戈鸣尊从熊成（"成"是港口的意思）去了死的世界，大概也是基于同样的想法吧。

　　因此，熊野被视为外来点和出发点，即从海外到日本的出入口。那是流离者的接点，是连接流离与流离的中转地。

　　这样一来，熊野的定位与日本人的精神根源，即流离之情重叠起来了。接收外来者的人以前也曾是外来者，不知何时也会成为流离者。补陀落渡海肯定是谁想都拥有的愿望。

　　以非定居性为原点的心情，这是日本文化的根本之所在。处于背井离乡的悲伤之中，但并不为炼狱而极度烦恼，而是充满希望。我们拥有平静的抒情诗的传统,不偏爱决定性的人间悲剧,不建造巨大的建筑,而是用木和纸造房子,顺应自然来生活。我认为熊野这个地方精辟地展现了日本文化的这样一个侧面。

二、地灵

日本是山国,山地占总面积的七成以上,没有大平原以及沙漠。打个比方说,在中国,农民向前耕地,消失在地平线,又从地平线那边走回来,但日本没有那样的地平线。

我记得好像是柳田国男说过,no(野)是山坡的意思。我们很容易想象"原野"这种广阔的平地。但在日本,平地是指没有起伏的地方。

山野是与日本人生活非常贴近的场所,山是身边的邻居,同时也是令人恐惧的恶灵的栖身之地。

熊野便是这种山最典型的代表。吉野也是山峦重叠、山脉延绵的世界。从内陆来看,熊野更是在深山里。

人们不断到此深山来参拜,平安时代后期参拜熊野呈现盛况。

例如,后鸟羽上皇历经 11 天才到达本宫,尽管在途中举行了歌会等。

那么,熊野为什么会那么有吸引力呢? 我认为对于那些人来说,熊野是遥远的异界,人们敬畏异界之山的地灵,并受到那种情感的驱使。

据说那智(nachi)是地(na)灵(chi)的意思。人们将那智山作为地灵之山来崇拜,在那里礼拜飞流直下的瀑布。更准确地说,不止那智山,对以它为代表的整个熊野三山①,进而对整个熊野地方都满怀敬畏。

据《日本书纪》记载,仁德天皇的皇后磐之媛曾去熊野海岬去采三角柏的叶子用来在宫中宴会上盛酒。

当时的首都在难波,远道而来,自然有其理由。那一定是因为

---

① 译者注:指和歌山县东牟娄郡的熊野坐神社、熊野那智神社、新宫市的熊野速玉神社。

具有熊野地灵的三角柏才适合在宫中使用。在天皇看来，那是与祖先神武天皇有关的土地。

地灵以异形出现，估计有名的八咫乌就是其中之一。在熊野登陆，直指大和的神武天皇被熊野山挡住了去路。就在那时，八咫乌出现了。在它的引导下，神武天皇越过了熊野山。天皇得到了地灵之化身八咫乌的保佑。

另一方面，《古事记》中也有这样一个故事，说熊一出现，熊野的神武军便陷入了假死状态。因为是熊野，所以有熊。之所以这样认为，是由于在韩文中，熊与神是同一神格。人们相信熊是地灵的化身。正如伊吹山的神是野猪，日本武尊败在它手中一样，这是一个神武天皇被地灵拒绝的故事。

顺便提一下，神武天皇在吉野遇见了异形者。异形者长着尾巴，名叫 ihika。栖息于泉水中的有粼光的动物或许是以龙身出现的水神。另一个异形者是长着尾巴的人，他从岩石中钻了出来，是化为大力士的山神。神武的山中之行相继发生了这些事情，非常有意思。

鸟和熊并非只在太古才出现。在中世的童话中有熊野显灵的垂迹故事，天竺的王妃在熊野被斩首，幸存下来的王子被虎、狼、狐、鹿收养，简直成了虎狼的化身。

也就是说，异国之王在熊野地灵兽的养育下先化身，然后在那里又作为年轻王子重生。多见于熊野的这些异类故事想必是人们对熊野山地灵的敬畏表现。

日本人不太习惯模仿中国建成的都城。即使建造，也不得不像造盆景一样来缩小。原野自然延伸，直到与山相连。在这样的环境中，一直感受着山的威压，使原野文化趋于成熟，这便是日本。

春天首先在山上降临，然后再来到村庄和原野。人们相信山里人会从山上下来为村民祝福。

因此，反过来说，人们常常认为山是人的归宿，山中是他界，扔老母的传说也是在这样的背景下产生的。

将山与村对置，相信那里有令人敬畏的地灵存在，那对保持村落的秩序是非常有用的装置。

对熊野地灵的敬畏让我们理解了这种装置的必然性。

三、母胎

《日本书纪》中有不可思议的内容。致力于造国的大国主命问搭档少彦名命说："国土造得怎么样？"少彦名命不得要领地回答："既有已成之所,亦有未成之所。"不仅如此,书的作者还对此感叹说："此物语似有深理。"

这让人想起伊奘诺与伊奘冉结婚的故事。两人分别有"成余处"与"成不合处",并因此结为夫妻。恐怕两个故事说的情形都一样。

总之,对古代人来说,大地深深地隐藏着性。人们认为异性的结合形成了大地。

这样一来,人类对大地的亲近感与尊敬就很好理解了。

在这样的背景下,熊野也似乎被理解为母胎。

据说生下火神的伊奘冉因阴部被烧伤而死,被埋葬在熊野的有马村。现在熊野市有马海岸有花窟,人们在那里举行祭祀,那是对女性生殖器形状的巨大岩石的崇拜。

而且,以这种母神归去的岩屋为象征,熊野本身具有母胎构造。说来,可以说纪伊半岛海岸的村落就是面朝大海的洞穴。熊野市以南稍微平坦的地方犹如面朝大海的口子,那里建有新宫以及那智大社,进而背后的深山里还隐藏着本宫。在以海上交通为主的古代,那种信仰更是虔诚。

被称为山伏的巫师集团在熊野的山岳中活跃,是因为他们在熊野这种洞穴的深处举行秘密仪式的缘故。一般传说仙人住在岩屋里,洞穴这样的居住空间对仙人来说是必要条件。

如果说人们认为熊野具有母胎的话,那么女性参拜这一熊野信仰的特征也就不难理解了。其实,不止是参拜,熊野比丘尼的活跃、僧侣娶妻生子,从这些都可以看出对女性的宽容。因为熊野的母胎性深藏在无意识中。

中上健次的小说《千年欢愉》出色地描写了熊野的性。小说是将加西亚·马尔克斯的《百年孤独》的书名反过来取的,讲述了熊野的欢愉,主人公是名叫阿柳的老太太。熊野的所有人都是这个老太太接生的。她相当好色，简直与《源氏物语》中的老色女源内侍没有两样。她是地灵的体现者、被人格化的永远的性。活生生的阿柳老太太与灵魂的阿柳老太太能自由地进行对话。

熊野被称为小巷。小巷里性事泛滥，甚至到了淫乱的程度，所有男人都沉湎于女色。然而，当他们分别体现熊野属性时，这种性的泛滥都通过小巷向母胎回归。那便是千年的欢愉。

但是，这样提出来的洞穴的束缚力巧妙地吸引着其他小说。古井由吉的《妻隐》描写了一个在公寓闭门不出的有自闭倾向的女性。最相似的是见于大江健三郎的《万延元年的足球》等当中的凹坑般的村落。

再早一点的作品，有夏目漱石的《道旁草》。不谙世事的健三觉得只有住在自己家心里才踏实。妻子非常开朗，像是一家之主。

我觉得疑似母胎那种事物在日本近代文学中随处可见。在这里提到的作品中的疑似母胎大概是将洞穴变成了"家"。直到最近还用"家乡"这个词来表示洞穴这种母胎。东北如此，四国的山村也是如此。日本人还没有从那种事物中摆脱出来。

再说具体一点的。家这种事物作为日本人的母胎依然存在。在《道旁草》中，家位于"驹込①深处"，有一种观点将"深处"理解为安居感。

想来，回归母胎或许是具有流离本性的日本人的必然。那或许是在敬畏地灵的同时，祈求山（人的归宿）允许人们居住的历史性结果。

不用说，与熊野相关的宗教特征很多。除此以外，大概可以从各种角度进行梳理。不过，即便将流离、地灵、母胎作为象征性的属性来看，也能看出熊野将日本人的心性栩栩如生地透视出来的日本文化的一个侧面。

---

① 译者注：东京的地名。

Ⅱ 想象力孕育出来的文化样式

关于想象力

一

什么是想象力？这个问题看起来非常简单，但实际上很难。例如在神话中，神生国土，生物的呼吸变成雾气，竹梳子立刻变成可以吃的笋子。现在看来，这些故事是想象力的产物，但古人认为那是事实，而绝不认为那是凭空想象出来的。

据说"想象"这个词在汉语中原本是指"想"没有见过的"象"。因此，想象的概念与事实的关系总是相对立的，不可能有前文中那种描写事实的想象力。神话中的想象力只不过是对事实的描写能力。

如果说想象力并不特别要求以事实为前提，那么首先必须明确什么是事实。但由于事实并非一个样，所以什么是想象力就成为一个很难的问题。

因此，在思考想象力这个问题时，先得"假定不同于想象的事实"。之所以说"假定"，是因为是否有那样的事实并不是十分清楚。有人连秋毫也能明察，但如果不将极不可靠的"事实"视为与想象对立的自明之物来考虑的话，就无法论述下去。

据我所知，大江健三郎是最早重视这种想象力的作家，具体情况将在下文中论述。甚至可以说大江完全是在凭想象力写小说，对他来说想象力是重要且根本性的东西，几乎可以将想象力视为小说的创作力。可以说日本没有哪个作家能像大江那样力图将小说创作方法理论化。总之,在现代日本作家偏重情感的状态下,大江试图通过理论来建构小说。

因此,通过大江的言论来探寻思考想象力的线索会比较有效。下面先介绍一下大江的想象力,然后再做一些相应的思考。

二

在大江众多的关于想象力的论述中,首先引人注目的是《小说的方法》中的一段话:"日语文学有形象丰富的定评,被称赞为绚烂美丽的世界,但许多作家只不过是把静止、呆板的形象进行平面罗列。"①

这么一说,谁都会猜想,某某作家如此,某某作家亦然。人们一般将绚烂的文体作为判断作家想象力是否丰富的依据。

但大江认为"那些作品为了掩饰形象静止的特征,大量使用比喻,仅此而已。"

的确,这一观点对订正被许多人误解的想象力极其合适。比喻性的表达方式与想象力完全是两码事。

大江指出:"暗喻常常流于隐晦的概念性理解⋯⋯那是一种精巧的说明。"真是一针见血。

总之,大江所说的想象力在两种意义上与一般的理解有所不同。第一是想象力与暗喻等修辞完全不同;第二,想象力毋宁是由读者所拥有。

说起作家的想象力,人们很容易认为作家拥有丰富的想象力,并将之用于作品的创作,但那对小说来说并不是最为重要的。就目前的论题而言,在谈论日本的想象力时,即便对创造日本文化的一些文人作品本身的想象力进行探讨,也没有任何积极的意义。

例如,有葛饰北斋(1760～1849)奔放的浮世绘,画师金藏也留下了大量的作品。不能说因为其在表现方法上想象力丰富,就认定那些作品代表日本文化的想象力。

还有一点,那就是要看清这种表达是否只是修饰,是不是"精

---

① 大江健三郎:《小说的方法》,岩波书店,1978 年,85～86 页。

巧的说明",是不是"为了掩饰形象静止的特征"。

那么什么才是真正的想象力呢？正如读者已经察知的那样，"撰写一篇小说，是在那里唤起具有想象力的事物、创作出语言媒体的行为。"也就是说，唤起读者想象力的小说才是想象力丰富的小说。

的确，被作家的想象力所震撼，停留在接受状态，那很难说发挥了丰富的想象力。应该说，只有一直唤起丰富的想象力，才能说日本文化想象力丰富。首先，我认为应该在日本寻求唤起这种想象的能力。

那么，应该通过怎样的事例来理解大江的想象力呢？

有趣的是，理所当然地站在大江立论的对面有志贺直哉（1883～1971年），他被称为"小说之神"，是私小说文体的完成者。在志贺的小说《在城崎》中有老鼠登场。大江指出："看小动物的人一直是人。"①并将之与法国的克莱齐奥的《诉讼笔录》进行比较。

在该作品中，主人公变成老鼠，那种变形在主人公"想象力的现场发生，即便我们读者发挥想象力，也会出现相同的东西。"通过这种方式，"将我们的想象力解放，使之朝向人类本身，而且是朝将人类相对化的方向发展。"大江希望人们就这一点将《诉讼笔录》与《在城崎》进行比较。

在这里，大江看重的是"作为事物本身的实在感"。尽管如此，克莱齐奥所描写的主人公"被'异化'，给我们留下印象"，这种"异化"是一个重要的标识。

现在，即便"异化"被过于看重，但"异化"这个词集中体现了大江在这种场合的主张。他说："事物与人物赤诚相遇，并由此产生'异化'作用，那才是所有想象力的出发点。"②让我们记住这句话。

三

那么，这种异化作用又会给人类带来怎样的结果呢？大江在

---

① 大江健三郎：《小说的方法》，岩波书店，1978年，90页。
② 同上书，96页。

题为"作为力量的想象力"的论文中曾经指出："作家力图将具有两种方向的想象力结合起来进行创作。一种是拥有想象力的人在被束缚的社会体制内最大限度内扩大生命改变现状的力量；还有一种是通过追根溯源来让人们思考在这个宇宙中、世界上、社会上，一个人是怎样的存在这个问题时的力量。"①简而言之，那是改变现状和追根溯源的力量。

就前者而言，大江首先对井原西鹤的作品进行了论述。通过描写那种在封建社会生存下来的主人公，大概能够唤起变革现状的力量。

因此，这一点不难理解。而大江在这里提及的另外一种力量，即追根溯源的力量又是怎样的想象力呢？

根据上文中的表达，因为是思考一个人在宇宙之中是怎样的存在，所以在根本上应该与宇宙观念相关。

正因为如此，大江也说："有些唐突地提及宇宙这个词"，来探讨与宇宙相对的人类。这样来思考就是追根溯源，这是一种非常重要的想象力。

提起这个问题，大江再次提及了《暗夜行路》，这一点果然不出所料。在该作品中，"在宇宙规模来思考人是什么"这个问题与首要的"发自一个人对自己的痛苦摸索相重叠"，而且他认为那种事情是"想象力最根本的力量"。在具体的《暗夜行路》的部分，"人类的发展与地球的状态成正比。"

通俗一点说，大江的这种"宇宙"是一种普遍的事物。通过那种意识，个别问题可以为人类所共有。

不过，作为到达这种"宇宙"的步骤，追本溯源乃必要条件。这种图式要想成立，各个存在必须在根本上分别具有普遍性。在将问题引向那里时，"宇宙"就成为非常重要的想象力的关键词。

"宇宙"一词在《小说的方法》中也能看到。"通过语言，到达作为一个个体的自己的人性根源，将那样的自己在社会、世界甚至宇宙中来加以定位。"②像这样，认为把人类推出的力量就是想象力的

① 收录于《通过语言：状态、文学》（新潮社，1976 年）70～71 页。
② 同上书，83 页。

日本文化的构造

观点与前文中的论述有一致之处。

另外，《虚构的悲哀》①也是理解大江宇宙观的线索。

大江在该文中也提及了《暗夜行路》。主人伯耆大山得了肠炎，吃六神丸，腹泻止住了。因此，肠炎内攻，引发高烧，差一点把命给送掉了。最后，他感觉自己的精神与肉体在大自然中融化，获得了一种安身立命感。

在此，大江通过乍看是僻论的论述来印证自己的观点，他认为这篇小说或许有别的结局。也就是说，不吃六神丸而任凭腹泻，在山上找地方排泄，通过这种方式进行动感康复。如果说原作接尾采取的是消除自然与自己对立的方向的话，那么大江所提出的结尾则是让主人公"与自然积极形成关联生活下去，以至康复。"

虽然大江在这里既没有说想象力，也没有使用宇宙这个词，但在我看来，大江在那里明确讲述了他个人与宇宙的关系。那是对阻挡在近代文学者面前的《暗夜行路》以及志贺这个作家的一种挑战，且不论挑战对象的是与非。

大江在同一篇论文中也谈到如何消除上述不安，指出不只是写消除与妻子的对立、止泻等，"要凸现记述本身所拥有的可疑性、不安定性。也就是要将多样化的解读可能性解放出来。"②

这样一来，回到前面所说的将想象力交给读者这个观点就明确了。

因此，在《暗夜行路》这里，在山上四处排便这种"与自然积极形成关联生活下去"的方式具有更旺盛的想象力。

由此回到基本问题，我认为追根溯源的力量与作为面向宇宙力量的想象力，那是寻求更加实质性状况的一种力量，那里存在一种观点，即所立足的事物应该是宇宙性的。

在这一阶段，"宇宙"这个词是否依然完全适合，我心里也有些犹豫。不过，将根源性事物的宇宙作为想象力的第二个关键词还是可以的。

可以这样说，所谓私小说往往容易忘记这种宇宙观，因此也可

---

① 收录于《核的大火与"人类"的声音》，岩波书店，1982 年。
② 同上书，241 页。

以演绎说：私小说是一种缺乏想象力、活力的文学形式。

说来，日本文学，或者更广一点说，整个日本文化并不缺乏宇宙。例如，短歌、俳句这种凝缩形的表达注重追本溯源。我们随便就能举出一些诗句，那些诗句所获得的东西具有宇宙性。甚至可以说，传统诗是面对根源时对宇宙所进行的探求，想象力存在于日本文学之中。

四

在上文中介绍的大江关于想象力的理论，据他自己说，那是以布莱克的观点为中心的想象力论。

让我们来介绍一下大江反复言及的例子。"按照巴舍拉（Gaston Bachelard）的有效定义，想象力是重新塑造被给予的形象的能力。"①这是他 1976 年的观点，想象力就相当于在上文中提及过的异化。

顺便提一下，大江在这一系列的论述中指出："事实奇于小说，这种通俗观念与文学理论不符。"他认为想象力当然应该由小说来唤起。

不过，在那样思考时不得不变得相当唯心。因为事实本身立足于认识之上，所以不存在独立的事实。正如在一开始就论述过的那样，将想象与事实相对化，会招致某种混乱。想象力恰好处于"被给予的形象"与重新塑造的形象之间。

大江在前面言及过的著作《小说的方法》中提到巴舍拉。大江说："我觉得巴舍拉给想象力下的定义能够接受。"②并引用了他的《天空与梦想》。例如，"在人的心像（psychisme）中，想象力正是公开的经历，是新的体验。……正如布莱克明确指出过的那样，想象力不是状态，而是人类的生存本身。"

想象力是公开的经历，是人类的生存本身这样的观点与前面

---

① 大江健三郎："我们的后期"，1976 年，于墨西哥城，收录于《表达者、状态、文学》（新潮社，1978 年），72 页。

② 同上书，82 页。

考察过的内容并不矛盾,那是追求异化的做法,通过追本溯源来凝视生命,让自己面对宇宙。

此外,有别于状态的生存特别有活力,不是静止的事物。

大江进而在 1985 年的《小说的追求,学术的乐趣》中表明:"自己的想象力最初是受到萨特的影响,接着受到了巴舍拉的引导,最终被布莱克关于想象力的思考吸引了。"①

因此,大江在该书中对布莱克的理论进行了详细介绍,布莱克的预言诗《耶路撒冷》和在"生命之树"上被处以磔刑的耶稣的装帧画讲述了它的旁证体验。

由于布莱克的想象力是通过"神"这样的词语来表达的,因而充满暗示,容易被误解。例如:"人类全都具有想象力。神就是人,神在我们身上,我们在神身上。"大江则是通过"生命之树"上的耶稣与"在一个人身体上体现出来的全人类的对话光景"来理解。

这一想象力的方程式可以通过代入在前文中论述过的根源、宇宙这些词来解开。而且,通过这样的做法我们还能获得分析日本文学以及文化的新视点。

的确,大江基于对上述对话的理解,对自己的创作进行了回顾:"我认为自己以布莱克为媒介,创造出了不同于'私小说'层面的语言世界。"并以这样的话语结束该章。

我们可以清楚地看出:对于大江来说志贺既是目标,同时也是靶子。我们可以从大江早期的短篇小说联想,他曾试图摆脱志贺的影响。如果就文学的一般论来说,日本有非布莱克的想象力,但因为并不是所有日本文学(以及文化的表达方式)都是是私小说性的,所以有必要对想象力进行探讨。

打个比方,说来日本的"神"是什么?

这不是在故弄玄虚。我认为,在日本并不存在不假思索就能说出来的那种"神"。不与人类相对化,正是日本"神"的特征。如果使神寓于人类身上的话,就会什么都不剩,那种空白就是神,日本的神是这样一种概念。

在日本文化的催化下进行异化的人类,他们在一种空白中漂

---

① 大江健三郎:《小说的追求,学术的乐趣》新潮社,1985 年,102 页。

浮。当然，那种空白是拥有神的概念的空间。

这一点如果用宇宙、普遍来表达会更加容易理解。

大江将主人公在山上的自救理解为一种萎缩化、局限化的做法。没有到处排便，是因为把活生生的人交给了的这种空白。

我从大江那里借用了异化、宇宙这两个关键词，并将从布莱克到巴舍拉的观点作为补充，对"想象力"这种图形进行了诠释。我认为这对日本的想象力也是极其有效、适当的方法。那么，要如何理解布莱克那种观点的基本，日本的想象力论才能成立呢？

在最关键部分来思考"神"的时候，用马上能想到的"自然"来替代是很容易的。特别是《暗夜行路》在那方面似乎已成为定论。不过，我认为日本人不假定任何事物，一直在面对超越人类的事物发挥着想象力。

从联句看日本文化

一

中国最早的诗集《诗经》中的"桃夭"非常有名。

　　桃之夭夭，灼灼其华。
　　之子于归，宜其室家。

下面两段将第一、三句重复，将第二句分别改为"有蕡其实"
"其叶蓁蓁"，将第四句分别改为"宜其家室""宜其家人"这样来
咏唱。

将色泽鲜艳的桃子比作少女，那样的少女嫁到谁家，谁家就会
兴旺起来。

桃子的这种生命力在以后的文献中也很常见。例如，吃一个
王母娘娘的桃子可以多活 3 千年，六朝陶渊明有名的《桃花源记》
也描绘了世外桃源这种乌托邦。这些广为人知。

因此，这种桃观念传入日本是迟早的问题。在《古事记》中，桃
子作为具有魔力的东西很早就出现了。《诗经》中所咏唱的桃子与
少女的搭配在《万叶集》中也可以看到：

　　春苑红花开，灼灼芳香来。
　　少女立树下，身影特窈窕。

大伴家持的这一首是根据《树下美人图》创作的,而该图与《诗经》又有共同之处。

《树下美人图》原本是在世界树(生命之树)下配置女性的图案,在波斯也有。那由来于一种传说,即生命之树位于世界的中心,美女借助那种树木来孕育生命。人们有时还会基于生命之树来想象女神。

《诗经》中的桃夭之诗大概也受到了太古以来神话的影响。

到了江户时代,俳人小林一茶根据桃夭创作了俳句。除此以外,一茶还有不少根据《诗经》创作的俳句。下面将对日本根据《诗经》创作的俳句与原诗的关系进行考察。

一茶留下了多达两万句的俳句作品。他在享和三年(1803年)年四月以后,根据《诗经》进行了创作。《诗经》的第一部分是"国风",因此一茶俳句的第一部分叫做"诗经国风的俳句",一直持续到"雅"。当时,一茶41岁。

其中有根据"桃夭"创作的作品:

寒门出倩女,犹如粉桃花。

这是一茶受《诗经》启发创作的作品。桃夭是中国古代周南之地人们描绘桃花、桃子、桃树叶时想象出来的形象,历史非常悠久,这一点在前文中已经提及过了。由桃夭联想到少女,如果那是一种直觉的话,其想象力之丰富令人惊叹。进而,一茶受中国古代想象力的启发产生了创作冲动,创作了上述作品。

那首俳句现在这样展现在我们面前,作品具有唤醒我们的想象的能力,因此我们也会产生各种各样的想象。

父亲在这里占据中心位置,这是一茶俳句与原诗最大的不同之处。重新读一读原诗我们便会发现,咏唱者是村民,我们似乎可以听到他们的欢声笑语。而一茶俳句的形象却与之大不相同。

作品中的父亲是一种什么样的形象呢? 只要看到"寒门"这句谦辞,我们就知道这里的父亲不是历史悠久、广袤无垠的中国大地上的人了。这个父亲所住的房屋围墙矮小,比较温馨,虽不是一贫如洗,但也不富裕,是平民街上的普通人家。他女儿身边有桃花,如果是插花的话,或许是女儿节的俳句。当然,宅子里的桃花也行。

桃花与女儿的这种搭配是这一句的关键。"寒门"说明女儿能嫁到一个好人家。与父亲的身份以及相貌相去甚远的聪明伶俐的女儿,将她与桃花搭配起来,不用说那是因为有桃夭之诗。

然而,一茶并没有一味地说那对这个家庭来说是一件好事,因为父亲穷寒。从这种保留可以看出一茶并没有无条件地遵从桃夭的意图。

一茶立足于这样的立场,而且是在江户的身边风景中咏了这一曲。读这句俳句,我们心中会产生这样的形象。

现代俳人金子兜太也同样根据桃夭创作了俳句。金子有名为《诗经国风》[①]的俳句集。该俳句集在整体上由周南、召南、邶风Ⅰ、邶风Ⅱ、鄘风……这些篇构成,而且在每篇上加上了诸如"日本列岛的东国""日本列岛的越前三国"之类的副标题。

所收录的俳句有些是根据《诗经》创作的,这一点自然与一茶前面的作品一样。另外,还有在东国、越前三国创作的俳句。

因此,《诗经国风》还有一种精巧的构造,那就是根据《诗经》创作的俳句与日本国风构成交响、连锁,不是停留在单句的层面上,而是用相当于交响乐团的各种乐器演奏出完整的交响乐。

关于这个问题,将另找机会进行阐述。现在,就夭夭之句而言,《诗经国风》的周南、召南中有这样的句子:

> 拥抱夭夭女,桃肩昴星下。

就创作过程来说,是先有一茶之句,然后才有金子之句。

《诗经》说"宜其家室",一茶说"寒门"。这在我们脑海里泛起了被金子的想象力所唤起的情景。估计这句俳句咏唱的是婚后的生活。

而且,"拥抱夭夭女"这种官能描写方式,让人感觉将情景从一

---

① 金子兜太:《诗经国风》,角川书店,1985 年。

茶所处的街景再次转向大陆的原野，像是回到了民谣的世界。

在这种气势恢弘的情景中，"桃肩昴星下"很是恰到好处。夜幕降落在自然山野，在野外媾合，天空闪耀的昴星似乎触手可及。

金子同一俳句集《卫风Ⅱ》中有这样的一句：

四头雄马与烈女白鸟座。

这是根据卫风中的"硕人"之诗创作的。原诗较长，与金子诗对应的内部分如下：

四牡有骄，朱幩镳镳，翟茀以朝。
大夫夙退，无使君劳。

硕人是聪明美丽的女子，在此指卫庄公夫人庄姜。她被称为烈女，上文所引用的部分先是描写庄姜乘坐由 4 匹雄马拉着的马车入宫时的场景，然后说诸位大夫应该早点退朝，别让国君太操劳。

金子在根据原诗创作的俳句中使用了白鸟座，那大概是因为他觉得白鸟座最适合庄姜。同样道理，他认为昴星适合窈窕淑女。

在日本的神话中，星座很少出现，这一点广为人知。其中昴星与毕星在《丹后国风土记》的浦岛传说中有出现，由七八颗星星构成的星群被比拟成在海宫侍奉的少年。

且不谈金子是否联想到这些，在星座传说较少的日本，搭配上人们最熟悉的昴星，整个句子让人感觉亲切。

这样看来，3 千年前在中国被人们咏唱的诗歌越过大海，在日本不断激发诗人们的想象力，唤醒新的想象力，在东海间往返。

就日本的想象力而言，一茶与金子的想象力形成对照，他们将吸收与创作这两种回路与中国诗歌这种"事实"连接起来了。

在日本，自太古以来，就存在中国文化这种规范。诗文的历史始于模仿。例如，在中国诗歌中，兰蕙是一种芳草，在日本也用兰蕙来表示人的高尚品德。在日本 8 世纪的《怀风藻》中，有不少那样的事例。

现在的情形与那相反，那是丰富想象力所架起的桥梁。

二

让我们来看一看下面的例子。《诗经》卫风中的"有狐"：

> 有狐绥绥，在彼淇梁。
> 心之忧矣，之子无裳。

按照《诗经》的方式，下面两段逐渐变动，"梁"变成"厉"（河滩的意思）"侧"，"裳"换成"带""服"，其他则反复。

这首诗自古以来就被视为难解之作。漫不经心地说狐狸溜达着渡过淇水之桥，那暗示着男子物色女子的情景。女子想出来回应，但连裙子都没有，心中烦乱。这首诗的意思大概可以这样来理解。

在女子看来，男子像狡猾的狐狸。尽管如此，却不去驱赶，毋宁说女子欢迎他们来，甚至还期待被调戏。

但是，话题一转，结果是想嫁人但连一条裙子都没有。民谣中常常会有这样的内容。

对此，一茶是这样来应对的：

> 藏身松影后，不舞扫兴人。

乍看，对距离感到震惊。但这个不跳舞的人不正是狐狸吗？心醉的不仅有歌咏有狐的诗人。但说那就是狐狸的人是否就清醒呢？绝不是那样。女子在心中的某处期待被狐狸欺骗，男女陶醉在"舞蹈"之中。

狐狸很狡猾，能蛊惑人心，此时在松荫下耐心等待时机。

一茶是不是偏袒狐狸呢？"扫兴"非常奇妙。并非不会跳舞的呆子，却让人扫兴。但是，满脸不在乎地旁观人世间的闹剧，有一种白色的清爽感。

从这里可以看出一茶试图在原诗中添加某种人世达观者的立

场。换言之,他意识到狐狸中也有那样的达观者。

但是,一茶还有另外的俳句:

> 秋夜独身处,长屋甚亲睦。

不用说,这一首的中心内容是:虽然独身,但感觉亲睦。"秋夜"是长夜,那对亲睦是必不可少的。

但这样看来,有狐的原诗是否还有必要呢?什么地方算是线索呢?内容一般化,句子看起来也是独立的。

但情景依然与狐狸"绥绥"垂尾的样子相同。"绥"是"安绥"的意思,或者"垂尾貌",指没有不安而悠然自得的状态。

那让人联想到擅长欺骗人的、佯装不知的狐狸露出若无其事的表情,机警地在平房周边转悠。那正是狐狸的一般作法。

这样来思考的话,可知有狐被巧妙地用上了,一茶的创意不可小瞧。然而,因为是发生在平房的事情,那里已经没有淇水的面影,而是非常具有日本特色的前述平民街的江户风情。应该说,情景的设定有了很大的变化。不过,渗透到相距遥远的世界,狐狸的那种尔虞我诈式的男女间交往便会展现在我们眼前,使我们感受到普遍且真实的男女之情。

三

想再举一个例子。《诗经》中邶风绿衣的第一段是这样的:

> 绿兮衣兮,绿衣黄里。
> 心之忧矣,曷维其已?

在第二段中,"里"变成"裳","已"变成"亡"(同忘)。但第三、第四段的形式发生了变化。其内容如下:

> 绿兮丝兮,女所治兮。
> 我思古人,俾无訧兮。

絺兮绤兮，凄其以风，
我思古人，实获我心。

这首诗宜理解为对比。绿色是间色，黄色是尊贵者所穿衣服的颜色。绿衣黄里是反过来穿，有解释说那是妾得宠僭越。

那是指在卫公的故事中，庄姜失宠，卫公又有了新欢。妾之子州吁后来弑桓公自立为王。

第一、第二段表达的是庄姜担心卫公有新欢，第三段说混乱也是"女"夫所为，自己想起古人，希望不要留下过失。第四段表达了同样心情，把自己比拟成寒风中的帷子。

针对这首诗，正冈子规有了以下的俳句：

垂帘思古人，乍暖孟春日。

一读便可知这句俳句用上了第三、第四段中的"我思古人"。

这首俳句在窗户深处感受到了庄姜的姿态，也体谅到了她那长久的忧愁。

这种添加的内容相当传统，马上能想起来的就有《徒然草》中的"垂帘幽居，不问春归何处"。甚至让人感觉到由僭越之忧转为春愁之趣的心理变化。

但是，原诗中的"古人"是指过去的贤人，面对发生在眼前的僭越，庄姜说想起古人，希望不要留下过失。在子规的俳句中，也让人不觉想起僭越。

子规所想到的是令人担忧的国事，为此他希望求助于古贤。由于表现了这样的意图，因而特意用上了绿衣。这样来思考大概比较合适。

然而，如果不知道绿衣的话，根本就弄不明白这一句想表达什么，真是毫不经意的口吻。那甚至可以理解为俳人优雅的闲情逸致。这种毫不介意之处，在句中具有"实际上"这样的内涵，那或许是子规的得意之处。而金子兜太的俳句是这样写的：

昔日有弑逆,黄裳绿衣流。

弑逆是指州吁弑桓公,绿衣之诗并没有讲述此事。那作为将要发生的事情被人预料,因此庄姜十分忧愁。

金子将这样的内容写入俳句之中。可以说,他想到了"绿衣之后"的内容。因此他在原诗中添加了时间。

于是,就连黄裳绿衣现在也只能空虚流逝而去,将黄裳绿衣用水冲走,在新想象力中事态更加激化,效果十分明显。

读了这样的句子,我们不能不想到政权的有为转变。而且,那将无由的杀人当成家常便饭来写。在前文中说过黄色是尊贵者的颜色,绿色是中间色。但那终究只不过是当权者确定的事情。那种约定在瞬间化为烟消云散的杀人剧,弑君者戏剧性地登上权力宝座。

金子凭借他的想象力来重新建构,在我们读者的心中被那唤醒的大概就是这样的世界。

与之相比,原诗还保持着轻柔的哀叹和对圣贤的期待。金子告诉我们:那些都靠不住,衣裳以及人的生命都会从现实中消失。

在这里,列举了以《诗经》这一中国古典为基础创作的一系列和歌,对在大海两边想象力是如何展现开来的情形进行了分析。通过想象力这种桥梁,传递了原诗的什么?影响方式又如何?关于这些问题,我对后来的文学针对以前的文学发挥出来的想象力进行了思考。

应该说配合得非常默契,特别是俳谐师们。我想再提升一点来说,这种状态毫无疑问显示了日本文化所具有的一大特征。

日本文化以宏大的中国文化为首句,一直在衔接着。那种衔接绝不是单纯地模仿,也不是随心所欲地创作。也就是说,连歌联句的默契,不论那是为了营造气氛还是为了提升档次,那无疑形成了更加出色的日本文化。

作为连歌的日本文化,通过联句的想象力产生的日本文化。我认为这是涵盖所有日本文化现象的构造。

日本的"我"——以表达方式为中心

一

人们常常说日语省略主语,日常会话的确如此。那似乎是不言自明的事情。

但我认为有必要对这个问题重新进行思考。如果那种说法正确的话,那么超越主语、谓语这些语句上的特征,对于日本人的"我"来说会有怎样的意义呢?

我想举古典的例子来进行说明,或许会有些枯燥。首先要举的是日记的例子,那采取的是自我陈述的形式。①

二

关于主语的省略这个问题,我最近接触到了精神病理学家昼田源四郎的《分裂症患者的行为特征》②这样一部很有意思的著作。该书的见解以及引用的病理学说为我们思考主语的省略与日本人性情的关系提供了重要参考。下面让我们结合该书来思考"我"的

---

① 译者注:原文在此部分分别举出了《紫式部日记》《和泉式部日记》《竹取物语》《今昔物语集》《东海道中徒步旅行》中省略以及使用第一人称'我'的例子。翻译成中文时不加主语句子不完整,加了主语以后又无法忠实地再现原文的省略情况,因此省略此部分。

② 昼田源四郎:《分裂症患者的行为特征》,金刚出版,1989 年。

问题。

按照作者的说法，"分裂症患者的语言是以谓语为中心。"①

这里所说的以谓语为中心，是指下面这种现象，即幻听以及妄想在一开始"声音的主体以及迫害的主体不明"，等过了很久以后，才"作为特定的主体出现"。因此，"在这里探讨的不是第一人称的主语，而是第二人称或者第三人称主语的省略和谓语的优先性。"总之，精神分裂症患者是指受到某种身份不明者威胁的人。

但身份不明者所带来的这种状态容易发展为包含第一人称的认识。昼田认为上述情形是"精神分裂症患者容易省略主语的一种事态。"缺乏积极明确人物（包括第一人称）的意愿，相反存在一种重视动作以及状态的倾向。那与不张扬个人这种日本人的性情，以及所谓集团性、无个性这些常识也是一致的。

这种倾向进一步强化，就会出现"谓语的同一化"。书中 E·德马尔斯介绍的事例非常有意思。

美国总统出生于合众国→我出生于合众国→因此我是美国总统

那个人对我不热情→我丈夫该会对我更加热情→因此那人不是我丈夫

这两个事例中的思考具有明显的特征。那种混乱起因于没有将作为主题的自己与他人区分开来。

我并不是说日本人都是精神分裂症患者。不过，这样看来，积极关注欧洲医学家称为分裂症的特征，大概能了解日本人的思考方式。当然，是否视为患者，会因为所依据的健康标准而有所不同。我们在思考时排除了这种先入为主的评价。

这样一来，接下来就要关注一下费德恩（P. Federn）的"自我界限"（ego boundary）②。

---

① 昼田源四郎：《分裂症患者的行为特征》，金刚出版，1989 年，58 页起。

② P. Federn, *Ego Psychology and the Psychoses*, Imago Pulishing, London, 1935. P. 174—.

自我与非自我之间的界限便是自我界限，自我根据这种界限的有无加以确定。根据费德恩的说法，人应该具有自我感情（ego feeling），那让人感觉是一种因果紧密相连的统一体。这种不伴随自我感情的精神现象作为外在世界的现实（real）事件被人所感觉，而自我界限则起到区分这些的作用。

费德恩所重视的自我是因果的统一体。将人格存在视为自我的尝试恐怕是这种观点的前提。因此，可以说被视为欧洲式分裂症的、主语按日语方式溶解的状态是一种人格感情稀薄的状态。

因此，自我投注（ego cathexis）的衰弱会导致分裂症，费德恩的这种观点很好理解。他主张自我投注是维持自我界限的能量，而自我正是通过能量来维持区分自我与他人的状况的结果。不过，日本人不具备这种进行区分的能量。

另外，这种自我投注的衰弱作为分裂症具有以下特征：

1. 形成虚假的现象
2. 退回到早期的自我
3. 无法进行抽象思维
4. 出现无意识的精神素材

因此，我们有必要将这些特征换一种说法来表述。

1. 经常不切实际地、浪漫地、充满幻想地、情绪化地看待现实
2. 拥有的自我不是通过与他人相区分而获得的，因此不是个性的自我
3. 思考总是很具体
4. 重视无意识，拘泥于精神素材

这样一来，便很好地体现了人们一直谈论的有日本特色的心情。由此可知，日本人的自我并不具备费德恩所说的维持自我界限的能量。也就是说，不具备欧洲式的人格志向。

关于这一点，费德恩进而将 I 与 the Self 区分开来进行论述。

有作为主体的自我（我，I）和作为客体的自我（叫做我的人，the Self）。人们将自己认识为如此这般的人。只不过前者是活生生的人，而后者则是被认识的对象。

我将这种观点与昼田和木村敏所说的"思维的我"与"被思维

的我"相对应。^① 木村将"我是我"(Je suis Moi)这种情况下的 Je 和 Moi 区分开来，Je 不能客体化，不能被思维化，而 Moi 则是被客观化、被思维化的对象性自我。

确实，I 和 the Self 可以替换为"思维的我"和"被思维的我"。

因为有 the Self 以及 Moi 的存在，所以诞生了与他者相对化的"我"。因为"我"是作为主语来发言的"我"，所以不妨认为日本人的"我"中没有将 the Self 以及 Moi 过滤掉。换言之，那是主体与客体各半的，作为主体的"我"。

这大概是由日本社会的构造所导致的。日本人不太欣赏通过严格区分他人而得出的自己，毋宁说一直是在主体与客体未分化的这种"我"的溶解中生活。"和"这个词所指的就是这种状态。

三

另外，雅斯贝斯(Karl Jaspers)的观点也值得关注。他从以下五点对自我意识进行了论述：

1. 自我能动性、自我所属性
2. 自我单一性
3. 自我同一性
4. 自我持续性
5. 自我领域性

按照昼田的说法，第一点的"自我能动性、自我所属性"是指自己是肉体、行为、思考、情感以及知觉的主体这种意识。那要求主体能将行动以及知觉作为自己的东西。这与在前文中提及过的 I 和 Self、Je 和 Moi 的关系相同。因此，日本人不偏爱通过认识他者来明确自我构造。

第二点的"自我单一性"是指只有自己一个人这种意识。这大概也存在于明确的"我"的意识之中。

因此，自己被分割为几种存在，例如改变身份或者进行分身，还有与影子等同时存在，那些都是不可想象的。做出某种行为的

---

① 木村敏：《自觉的精神病性》，纪伊国屋书店，1970 年，175 页起。

自己与采取相反行动的自己不能共存。

这样想来,这种相反的自我意识是能多次分化的"我",在增生的自我中,纯正的"我"变得暧昧,有时会采取自相矛盾的行动,有时会产生相反的感情。

第三点的"自我同一性"是指"具有连续性的自我"。如果没有连续性的话,会被说"好像变了一个人",会成为另外一个人。

因此,在那里一开始就必须具有自己的特性,有那种特性持续,才具有能称得上特性的构造。

反过来说,这也是不断变化的自己。其结果是,不具备具体特性,会不限定地诞生整体性的"我"。

第四点的"自我持续性"是指认为"只要不消失·自己、他人、事物都将持续现存"的意识,这种意识在两岁前通过母亲获得。据说如果持续性不充分的话,就会出现不安以及恐惧感。

这样看来,在人类对周边的先天安定感中,似乎存在这种自我意识。说来,如果无法相信这种不变不动的世界的自我,则不可能有自我的持续性。那种宇宙观的差异相当大。

不过,在这种情况下,也可以这么来说:在东洋·人们能在世界的持续变化中发现恒常性。依照这种情况,自我的流动也具有恒常性,能在那里看到另外的持续性。

最后的"自我领域性"是指人每次认为自己是有别于外界的存在,是在这里拥有领域的存在。可以说,那是通过上述自我界限来区分的领域。

昼田曾举过有趣的事例,他使用"自我泄露"这个词。反过来说,或许应该说"自我侵犯"。外界与自我之间在空间上有暧昧之处,在彼此相互渗透的情况下,没有自我领域性。

也就是说,有必要拥有这种明确的自我世界。相反,在思考相互渗透的自我时,我们会觉得那做法特别亲切。

从雅斯贝斯的五种自我意识的定义来看便可得知,与之相反的非自觉的自我以及分化的自我、变化的自我、流动的自我,还有相互渗透的自我,这些才是一般认为的日本人的"我"。按照雅斯贝斯的方式来想象与自我对立的自我,日本式的自我也会因此而明确。总之,不妨称之为"无限定的自我"。

因为无限定,所以没有必要凸显自己,所以在用语上也不必拘泥于"我"。在写景中变幻形式来主张"我",这种情形想必也是可能的。

四

昼田在他的著作中介绍了这些富于启发性的学说,而且还阐述了他自己的观点。在此,关于精神分裂症的论述与其他学说的结论是一致的。

例如,M=L·费朗兹认为"分裂症患者沉浸在集合性无意识之中。"[1]费朗兹将那作为一种特性,说患者"进入他人的意识之中,以令人惊异的方式来预测事物。"他极其明快地分析出了与上述自我相反的集合性、无意识性。

而且,因为没有自我界限,所以会进入他人的无意识之中。相互侵犯的情形也已经出现了。

费朗兹说:"啊,请看我的情动。"[2]当自我处于空虚状态,成为客观的观察者时,估计就能展开能动的想象,这与上述 the Self 以及 Moi 是一样的。

如果用同一性来分析这种状态的话,结果将会是这样:依照费朗兹的观点,正确的自我是"尝试撇开自己"的自我,而分裂症患者的情形正好相反,他们"同一化了"。

我认为这种同一化(性)这个单词是根据欧洲的自我想出来的。不过,费朗兹采取了不同于雅斯贝斯的立场。他用"影子""无意识"这些词来探讨与"自我"处于相反一极的存在。

如果费朗兹也再进一步将影子与无意识纳入自我之中的话,那将成为日本式的"我",费朗兹所提及的童话故事中应该有那样的"我"。他说:"影子是指自我劣等感的阴暗、毫无生气的被压抑的一面。"[3]

而我们却常常认为那里是自我得以生存之处。

---

[1]　M=L·费朗兹著,氏原宽译:《童话中的影子》,人文书院,1981 年,140 页。

[2]　同上书,138 页。

[3]　同上书,5 页。

因此,有必要回顾一下河合隼雄所主张的日本人的心性。就其中一篇论文而言,他是这样来看待日本人的自我的。

1. 不像欧美人那么明确区分场合与自我

这里的场合是指"优先维持整体性场合的平衡状态"。区分场合正是上述各种学说的特征。因此,这等于是反过来分析的结果。

2. 深入领会事物,认为那难以言表

因为对于西洋人来说,"语言是建构有力自我的素材",所以这一特征与之相反,而与禅的观点相同。广而言之,那具有东洋特色。

3. 日本人的自我基于母性原理

在父性原理中"切断"功能占优势,而在母亲原理中则是"包容"功能占优势。因此,从这一点也可以看出,日本人不将个人分割开来。

以上关于"我"的论述确认了前述结论。

在此基础上,河合介绍了荣格通过东洋体验形成的自我认识。其中值得关注的是将自己与自我这两个概念区分开来思考。他说:"自己是意识的整体性,同时又是其中心。……那包含自我。"

这种自我是"意识的中心"。因为以往只重视意识,因此自我重要。但"因为人的精神更加广阔,包含整个意识、无意识",所以自我并不是全部。作为对传统理解的修正,荣格提出了上述观点。

在这种观点中,关于意识的神话基本上瓦解了,很接近上述日本式的"我"。但意识与无意识的区别依然明了。河合进而就这一点指出:"在日本,自我与无意识的界限模糊,自己很容易被投影到外界,那不像在西洋那么具有超越性。"

五

这样看来,日本人的"我"处于集合性无意识之中这一点就更加明确了。而且,这一点与在一开头就论述过的在散文作品中主语省略的情形也是非常符合的。

但问题并非就此结束。在韵文、和歌中,大量使用了"我",那与一种常识性观点即"日语中主语省略,因此缺乏'我'的意识"的观念相反。

让我们来举一下《万叶集》中的例子。①"那""那个""我"这些词语频繁出现，充当主语、补语、宾语，另外还构成"我身"这种词组。

从这些来看，又怎么能说《万叶集》中主语省略了之类的话呢？即便就《古今和歌集》而言，情形也是一样的，那并不是《万叶集》独有的特征，《万叶集》以及《古今和歌集》之后的歌集也大同小异。我们好像不能轻易地说日语省略主语。

而且，这种散文与和歌的对比非常鲜明。

这究竟是怎么回事呢？

十分重要的是，"歌即诉"这种古来的观点不仅得到了承认，而且作为"我"的倾诉，和歌形式中明确地意识到"我"，并且将"我"从无意识的集团性中凸显出来了。应该说我们也具有意识性的自我。

在上文中，对费德恩、雅斯贝斯的学说以及见解进行了介绍。他们所论述的自我的每个特性被认为是与日本式"我"相反的东西。如果用和歌与之对比的话，在和歌中保持着自我界线，和歌的"我"具有自我能动性以及其他，也就是具有了解自己这种意识等等。

这样说应该没有问题：将非自我的日常性的各种事物一举统合、抽象，"歌咏"这种行为才能成立。

因此，反过来说，如果借助物语性表述来说的话，我们不得不依从"物语即灵语"的说法。据说"我"不是讲述自己的内心世界，而是讲述对集团共性的共鸣。

另外，日记这种形式也不是彻底地叙述"我"的感想。先是共有的事实成为对象。而且，即便那属于"我"的领域，也会在无意识地归属的人类领域中来描绘"我"。

我认为在《蜻蛉日记》中情形也是一样，因为它倾诉了个性强烈的"我"。

不过，在此为了避免误解，作为表现形式，现在应该对"我"做更多的分析。因为散文这种表现形式属于日常性事物，所以在那里出现的"我"是集合性的无意识的"我"，对那种先天性框架进行

---

① 译者注：省略所列举的《万叶集》中使用"我"的例子。

验证的便是在一开始就论述了的"我"。

另一方面,和歌对于精神来说是非日常的形式,人们通过那种非日常性来表达"我"。

因此,在这两种形式之前,"我"已经存在。而且,这样的"我"绝不可能是一味无意识的。

六

可以说在日常性事物中,日本人的"我"是无意识的。因此,需要考虑无意识这个问题的内容。无意识被认为是与意识相对的东西,那特别有别于自我,是集团性的超越"我"的东西。因此,与之相反的是日本人自古以来围绕变身、分身的观念。

在那里,称变身、分身是否合适,这一点需要思考。首先引人关注的是"实乃型"的思考方式。

> 吾贵天皇流四国,终将一日必归回。
> 此间妥存榻榻米,勿令榻榻米脏污。
> 虽此言吾榻榻米,实意勿秽吾爱妻。
>
> ——《古事记》

在这个例子中,榻榻米其实是指妻子。在这里说"虽此言",因此"实乃型"被置于物与事的对应关系之中。那恐怕是因为榻榻米是"火远理之命"以及"倭建之命"故事中出现的婚礼必用品,因而被称作"妻之座"的缘故。而且,说出象征性之物,将真正的东西隐藏在"实意……"的背后,显示出的便是这样一种构造。

因此,严格来说这并不是变身。接下来作为村妇出现的其实是"静御前"(《两个静》),或者是"小野小町"(《通小町》),将这些谣曲所显示的构造称为变身或许更加贴切,就像静御前以及小野小町现身为女性的情形一样。

但在那种情况下,两者并不是单纯地变身。两者具有灵魂与身体这种区别。在《两个静》中,两者同时登场属于例外,一般两者分别属于不同的层面。

因此，必须有某种东西将两者贯通起来，有时作为灵魂，有时作为肉体显现出来，这样来说大概比较合适。

　　这种情形大概基于日本人的生死观。我以前曾就这个问题写过几篇文章①，"死"乃"挠"（弯曲），那绝不意味着肉体的消失，只是鲜活的生命衰弱，真正的死就是由"枯""离"所导致的。也就是说，由于灵魂的脱离，身体终结了。

　　灵魂作为单个存在继续生存，并不会因为生命的终结而丝毫有损。

　　因此，估计被称为"转世"的事情就是基于这种认识。在《滨松中纳言物语》中，中纳言之亡父转世为中国的王子。另外，唐的王后则投胎到日本的公主身上。

　　这似乎是非常荒唐无稽的故事。但实际上，自古以来就有理智的评论家指出了这一点（《无名草子》）。但是，说转生荒唐无稽，那是因为以当今的肉体观来看问题。牵强一点说，灵魂寄托在另外的形体之中，认为那种灵魂的作用与肉体的性质完全不同的观点是错误的。

　　而且，在这种人际关系中，有爱这种纽带。唐的王后既是父亲（王子）之母，同时又是中纳言的恋人。公主是该王后的姐妹。故事稍微有些复杂。不过，这种安排甚至让人觉得转世起到了使爱永远持续的作用。

　　总之，这种通过爱的纽带进行转世是为了讲述不会因为死而被切断的生命的持续。

　　还有一种方式与这种转世相似，那便是在《半夜醒来》中出现的饱受诟病的"假死"。白河院内的女性在遭凶恶男人强暴时，会迫不得已"装死"。那当然不是真死，过后还会复苏。

　　实际上，那是女人暂时停止呼吸，别人以为他死了，甚至还为她举行葬礼。但她并没有停止呼吸，那是女人自己假装的。

　　但更准确地说，在古代人看来，她在现实中死去了，但在本质上还活着。例如，那就像是遁世出家等做法一样，在现实世界中死

---

① 中西进：《日本文学与死》，新典社，1989 年，37 页起。收录于《中西进著作集》第 12 卷（四季社，2008 年）。

亡,在本质上却依然活着。

在这种生命观看来,生命不单单是拥有生和死,而是能在生与死之间自由往返。那种想法与等质等量的甲肉体变成另外的乙肉体不同。肉体的轮廓并没有与死明确区分开来描写,郉毋宁让人感受到超越生与死的"生命"这种东西的存在。

但是,这种生命观并不是日本所特有的。埃德加·莫兰(Edgar Morin)曾经指出:"任何诞生都源于死,任何变化都与作为再生的死同属一类。"他主张对古代人的死与再生的问题进行认识。

不过,莫兰用"分身"这一概念来理解这个问题,因为"分身是与死者相关的各种表象的核心",所以"另外的人"(ego-alter)以及兰波(Jean-Nicolas Arthur Rimbaud)所说的"属于他者的我"也是分身。因此,如果重视"与死者相关的古代表象"的话,那种存在与上述日本的转世以及假死的概念甚为接近。

这里所说的"古代的"事物在广义上也许与日本的"我"的生命观有共同之处。

但是,莫兰并不认为那是古代才有的现象,他在现代文学中也找到了事例。因此,那是普遍存在于某种想法中的东西。如果我们的历史不是发展的历史的话,那便是理所当然的事情。历史常常是可逆的,这也是常识。

这种观点也可以用"影子"这一概念来理解。在前文中言及过的费朗兹所主张的饶有趣味的"影子"学说。《源氏物语》(匂宫)中也有以下内容:"光源氏逝世之后,他的许多子孙竟难得有人承继这光辉。"那是将光源氏视为"光辉",而且将后继者视为"影子"。那是以"影子"这个词来思考生命的协调关系。确实,"影子"一方面是甲的阴暗面,另一方面又是乙的光明面。继承"影子"就是继承生命体,那或许显示了本质性的"我"的状态。

但是,这种影子是如何继承的呢? 我以前曾经执著于"迁移的思考"①。正如"影子"具有两义性一样,在"迁移"牛围绕两种事物的关系没有能区分开来。如果是摹写物体的话,那就成了另外的

---

① 中西进:"'迁移'的思考",《产经新闻》1979 年 10 月 23 日夕刊,收录于《中西进著作集》(四季社,2007 年)第 6 卷。

东西,但迁移的是同样的东西。投影的是同样的东西,但物体不一样。将这种关系用"迁移"这个词来总结,那表明日本人具有超越个别的认识。

在这个意义上,我们可以将《源氏物语》称为"迁移"的文学。举一些通俗的例子,桐壶更衣死后,藤壶作为其迁移入宫。光源氏恋母成为不义之恋,接下来让侄女若紫登场,成为他的妻子。交替作为一种生命的迁移,在爱之间迁移,形成关联。

可以说,那是采取了物语这种体裁的母子相奸的故事。这种令人恐怖的爱不是一开始就说强暴母亲,而是多少有些秩序,分三代来讲述。而"迁移"正是能够那样讲述下去的前提。

如果桐壶更衣、藤壶、紫上是另外的人,那么就无法讲述"变形相奸谭"。正因为每个人一方面是"迁移",另一方面又是不同的个体,所以才出现这种物语。

不仅开头如此,末尾也同样有"迁移"。由大君到中君,再到浮舟,不断地形成"迁移"。因为有"迁移",所以才有恋情。对这种恋情进行描写,桐壶更衣之后的关系也是一样。

另外,这种"迁移"并非只见于人与人之间。追溯到古代,正仓院文书笔记中有这样的内容(开头缺损两个字):

□□家之韩蓝花今日看来难以摹写。

这首歌是借韩蓝之花(鸡冠花)说难以将恋人"迁移",是用韩蓝来表述思念的恋人面影。

但是,在这种情形下,"迁移"就不单单是复制的意思了,基本上是将那作为相同的事物来思考。在那种实际感受的基础上,形成了自然与人类融为一体的关系。

如果是人与人之间的关系的话,"迁移"也能够理解,但像这样将花与人通过"迁移"这种关系联系起来,其中的内容即"我"就很难作为固有的东西来把握了。

在《源氏物语》等中,还出现了"形代"①这样的词。如果将这一

---

① 译者注:"替身"的意思。

点作联想的话,很有意思。因为"代"还有"料"的意思。① 也就是说,形状的替代物是指甲与乙分属不同事物。桐壶更衣与藤壶是不同的人,藤壶虽然是桐壶更衣的替身,但如果从作用的中心来看,"料"是藤壶替代桐壶更衣的材料。也就是说,藤壶与桐壶更衣一样的。

藤壶究竟是藤壶还是桐壶更衣?我们不得不思考超越个体的生命体。

七

这样,生命通过"迁移"以及"料"被继承,人类与植物关系相通,这种关系为什么能够成立呢?这让人有些不可思议。换句话说,被认为原本性质不同的两条生命以及人类、植物拥有相通的关系,其逻辑由怎么来保证呢?

在这里能想到的是被称为"假"的视点,我曾经对这个问题进行过论述。② 我们的祖先对被称为"假""纷"的事物极其珍惜。

"假"以及"纷"是指难辨真假的状态,两个词同义。因此,在当今看来,是非常暧昧的贬义词。但实际上这是个非常重要的问题,我认为其中隐藏着日本人认识存在的关键。

例如,在古代将恋情称为"物之纷"。为什么把"恋情"称作"纷"呢?那恐怕是因为恋情超越理性的判断,是极其情绪化的东西。特别是将那视为有灵魂的"物"非常容易理解。而且"物之"这种修饰语表示漠然的所指。鉴于这一点,由于漠然有灵魂的事物的缘故,事态变得心神不定,那才是恋情。

《源氏物语》就是这样一个例子。光源氏与胧月夜内侍的恋情使光源氏以往的生涯发生了大转变。那样一件大事就是由"物之纷"促成的。毋宁说,"物之纷"正是超越人类"理解"的范围、掌控更重要事态进展的某种东西。

《日本书纪》中也有有趣的表述(允恭十四年九月)。原文为

---

①　中西进:《雪月花》,小泽书店,1980 年,129 页。
②　中西进:"物之混淆",《普西克》1989 年 6 月号。

"莫莫纷纷",那是难以分辨的状态。另一方面的恋情是"物之纷",是"假态"。我认为那非常贴切地显示了古代人的想法。人类的行为由"物"所支配,但事态总是"纷",有"假"。

例如,在《万叶集》中,大伴家持咏唱落花的"假"死(卷17－3963)。可以认为,眼前飘落不停的落花是"假象",因此出现"物纷"。如果"物之纷"是恋情的话,死应该也是由"物之纷"带来的。在世界上,厄洛斯与塔那托斯①是一体的。

这样看来,"假"是极其本质性的状态。不仅如此,事物的进展——从生到死,坠入情网这些事情也存在"纷""假"。也就是说,在前文中探讨的两种事物的区别、界限,那就是"纷""假"。这样的"纷""假"概念与费德恩的自我界线的"自我投注"的瓦解等等在前文中分析过的自我正好相反。

我认为荣格考虑到了这些。当然,荣格不可能知道"纷""假",他认为"因果律只是相对的"②。在以"相对的"这个词来说明事物未必是由明确的因果联系在一起这种观点时,可以看出"纷""假"。"纷""假"在单个存在中是不会发生的。

荣格似乎是受中国道家思想的影响形成了这种观点。他说:中国人"在某一瞬间同时存在,或者试图同时存在。"古代日本人将由道所显示的"自然'称为'莫莫纷纷"。

当然,日本人并不是把所有事物都置于"假"之中,对自己与他人不加区分。因为有第一人称あ(わ),第二人称な,所以两者是有所不同的。我想,人们认为其中的自我界线毋宁存在于"假象"之中。

但是,这种状态作为打破日常的事物,才有"歌"这种倾诉自己的行为。而且正是这种行为将有所区分的自己从"假"中抽取出来,并使之面对从他者中被区分开来的恋人。

因此,诗歌创作是一种严肃的行为,恋情在很长一段时间,只允许用诗歌来表达。可以说,那是在由"物"所支配的恋情中力图凸显自己的有意图的文明行为。

---

① 译者注:厄洛斯是希腊神话中的爱神,塔纳托斯则是死神。
② 荣格著,小川捷之译:《分析心理学》,篠竹书房,1976年,110页。

幽情论——无的有效性

一

本居宣长所说的"幽情"是什么？关于这个问题众说纷纭。

第一种是以西乡信纲为代表的女权主义说。

在宣长主张幽情的那个时代，至少在形式上社会上完全倾向于儒教，儒教成为价值观的全部。

儒教是以男性为尊的伦理观。西乡认为：在那样的状态下，宣长所主张的幽情极具女性特色。

宣长在《石上私淑言》中引用了《史记》中的一段故事，说周代一个名叫箕子的人路过殷墟，那里一片荒芜，都城的面影不复存在。

箕子不觉有些想哭，但又觉得哭泣不像个男子汉，于是作了一首《麦秀之歌》：

> 麦秀渐渐兮，禾黍油油。彼狡童兮，不与我好兮！

宣长谈到这一点，指出中国人认为哭泣近于妇人，其实那大错特错，哭泣是人之感情的自然流露。

在此，西乡对幽情论给予关注。也就是说，幽情是近于妇人的行为，在以男性为尊的社会，宣长对近于妇人行为的价值给予了肯定，西乡认为那是宣长了不起的地方。

西乡在 1944 年的论文中就用女权主义这种观点对幽情进行了分析。"宣长是女权主义者",我被他这句话感动了。

但我总觉得这种观点说服力不够充分,有些把问题简单化了。

总之,儒教主张男尊女卑,江户时代也是以男性为主导的时代。但很显然,女性、男性都生活在那个时代。而且,人们建立家庭,组成社会,度过一生。无视那些活生生的人,说因为是这样的时代,所以如此这般,我认为那是一种单纯化的观点,与事实有不相符合之处。我觉得简单地思考问题有可能陷入困境。比方说,江户的平民就曾对上方教养进行讥讽,他们凭借真情实感顽强地生活。

在这个意义上来说,对于将幽情理解为近于妇人之情来理解的做法,我感觉难以接受。

第二种观点是作为文学论来把握幽情。

宣长说,幽情是指接触到事物时感动的心情。的确,文学论就是把那种感动作为价值标准来思考事物。

因此,这种观点认为幽情是对文学自立的追求。

但是,我们生活中有各种各样的价值观。例如,有作为上班族或者作为父亲、母亲所拥有的价值观。

在那种状态下,如果只是为事物所感动,是当不好上班族的。在销售时,如果只是为事物所感动的话,根本挣不到钱,会亏本。

因此,认为感动才具有价值的观点是文学世界的观点,以文学论来理解幽情,这是第二种观点。

这里问题是:作为文学究竟能在多大程度上自立呢?

我年轻时,对文学的自立性给予高度评价,作为学者感觉十分自负。总之,文学既不是政治的,也不是经济的工具。对于读者来说,文学只是文学。有人问:读小说是为了什么? 读小说其实没有任何实用价值。只是因为自己有所感动,被文学吸引才去阅读。

因此,如果抱着政治目的去读书,就会说读这本书有如此这般用处,那种读书方式不适合文学。

那么,阅读文学作品有什么意义呢? 我曾认为一切都在感动。作者大概也是如此,不是为了多赚稿费,而是不写不快。被一种欲罢不能的欲望所驱使,那才是文学。我以前是这样认为的。

即便现在,我依然认为这种观点是正确的。那么,当作者作为一个国民而存在时,他无法摆脱这种身份。他在那样的环境中不自觉地生活着,他不可能是脱离了那种环境的外星人。

例如,在日本生活的日本人,他是一个市民,是家庭的一员,他具有这种社会人的立场,哪怕他自己没有意识到。

如果脱离了那些,我们就无法生活。

因此,对于认为幽情是文学论的观点我表示理解,但觉得那并不是全部。

确实,宣长为了避免误解,曾这样说过:没有哪个男性看到女性会无动于衷,那是人的本性所致。宣长重视人的感情。

第三种观点认为:撇开政治、思想上的评价,在人类的自然感情本身当中来思考事物,并强调其价值,那就是幽情。

例如,哲学家和辻哲郎认为"幽情"是从根本上思慕人类的永远。

思慕永远、根源、优美表达,这些都能理解。但我想反问和辻,那与幽情有什么关系呢?

他在1922年写的论文我读过几篇,但还是弄不明白之间的关联。的确,与永远意思相反的是有限的生命。甚至连桌椅的寿命都是有限的,因为能用很长时间,所以给人一种永远的错觉。不过,人很快就会去世,所以生命有限这一点很容易理解。永远作为与人类相反事物显得非常辉煌,这也很好懂。

那种永远其实是人类思绪的根本,这也能明白。因此,对之表示关注,也不难理解。但那与幽情还是联系不起来。

因为这种观点是和辻在1922年提出来的,或许多少有些不成熟。他在撰写《古寺巡礼》时,全书充满了浪漫主义色彩。我觉得这与那一脉相承,表明了青年和辻的浪漫主义。

虽然具体进行了限定,却又说那没有被限定,使用哲学特有的逆说来进行说明的这种观点在整体上看有些费解。

而且,最为重要的是,这里所列举的三种观点都是非常现代的解释,我认为那正是它们最大的缺陷。

二

让我们再回到宣长本身的言论，来思考一下宣长的幽情在根本上究竟是怎样一种论调。

宣长就幽情谈论过很多，因而必须对之进行综合考虑。不过，宣长的幽情主要是基于和歌而展开的。

而且，那既是和歌论，也是文学论。和歌是日本古典文学的根本，这是不可动摇的事实。在宣长的基本构造中，和歌依然举足轻重，我认为他是在那样的基础上展开幽情论的。

那么，宣长是根据什么来谈论和歌呢？他是以《源氏物语》为中心来展开幽情论的，这也是常识。和歌的幽情论是他解读《源氏物语》的手段、工具。

《源氏物语》中有许多恋情。例如女三宫与柏木相恋。

宣长说那是不义之恋。

但宣长说不义也能得到原谅，这便是《源氏物语》的世界。那种事情在儒教伦理中不可能得到原谅，所以说那是反儒教的观点。这与在一开始介绍过的观点不无关系。

我被宣长所感动，因为他大胆地提出了自己的主张。我以前曾经指出：和歌是文学的中心，《源氏物语》像是一首长篇和歌。[①]宣长对那样的和歌坦诚地给予了偏爱，甚至可以说他在提出新观点时有些天不怕地不怕。

宣长说"悲哀莫过于死"。就这么一句话，超越了费尽千言万语的哲学书、人生论、宗教书等，说出了死亡这种事情的真谛。谈论死亡的哲学家相当多，海德格尔便是其中之一。人类最主要的共通条件是人必有一死。海德格尔说从死亡可以对人类进行观察，并因此展开了他的死之哲学。他用千言万语来探讨死的问题，而宣长的一句话让人觉得海德格尔的所有论述都显得十分苍白无力。

---

① 中西进：《万叶的世界》，中公新书，1973 年。后收录于《中西进万叶论及》第 6 卷（讲谈社，1995 年）。

日本文化的构造

幽情大概就是这样一种新观点。他指出幽情极其重要,那是构成《源氏物语》之核心的和歌式情感。

宣长谈到和歌式情感,并基于《源氏物语》将幽情视为所有文学的根本。对此,我有些异议。

以前,我曾对照中国文献读过《源氏物语》①,发现那在很大程度上受到了中国作品的影响。

但是,受中国作品影响写出来的不是幽情等。彻底揭露人生的残酷、人类如此丑陋,这样的内容不断向我们逼近,《源氏物语》是这样一种文学作品。

我读佛典,有时会不寒而栗。读一读佛典便会得知,人类的苦难如此之多。佛典不厌其烦地讲述人类的苦难。如此这般生病,如此那般穷苦,尽是这样一些内容。

可以说,佛教是起点的教义,想令人类回到起点。如果人觉得自己身处起点,就会无所畏惧。有了一些东西,就会担心失去。《徒然草》说"尽成单身"。

我认为《源氏物语》在很大程度上受到了佛教的影响。另外,《源氏物语》还大量引用了揭露人类贫困以及欲望的作品。

这样看来,如果认为人类纯粹作为自然人生存,恋爱时不管什么义不义,认为《源氏物语》非常心平气和地肯定自然质朴的人情,那么根本就读不懂《源氏物语》。我们不能将《源氏物语》中众多登场人物视为一群原始森林中的自然人。

那么,宣长主张幽情的理由何在呢?关于这个问题,我曾在以前的文章中进行过论述。

中国有"思无邪"这种说法,那是说心中没有邪恶的东西,此话见于《论语》之中。

《诗经》是中国最古老的诗集。孔子在《论语》中说"思无邪"是《诗经》三百篇的共同特性。我曾指出宣长的幽情正是立足于这种"思无邪"。

但是,宣长在他的一篇名为《安波礼辩》的文章中,对《论语》中说思无邪是《诗经》的特征这一内容进行了介绍。宣长说:"今于此

---

① 中西进:《源氏物语与白乐天》,岩波书店,1997 年。

思之,相似也。"他自己一方面主张幽情,另一方面知道有思无邪这种说法,说自己的观点与之相似。

宣长的意思是:他自己在提出幽情的观点时,没有意识到这一点。

在前文中,介绍了思考幽情这个问题时女权主义的以及文学的观点。但是,与思无邪相近的幽情并不是那样的主张。勉强说的话,我比较赞同和辻哲郎的观点,虽然和辻的专业不是国文学。

宣长说"唐土亦同心",也就是说,幽情并不需要排除"汉心"才得以形成的。他这样来阐述幽情,这一点十分重要。

我想,日本建立国学这种学术体系曾面临两大困难。之前有儒学这样的体系。特别是在江户时代,面前有朱子学,而且还有佛教哲学。

宣长面前有许多经历了几千年的既成思想。

宣长与之对抗,试图建立日本的学术体系,却完全没有国学的经典。因此,宣长必须找出类似于经典的东西。在中国,《诗经》《论语》等四书五经这一类东西很多,这些构成体系,成为庞大的经典。另外,还有作为制度的"周礼"。因为有哪些东西,所以中国的学术得以形成。

与之对抗,在日本在力图创建学术时,没有任何可以依据的经典。因此,必须假设有那样的东西。那或是《古事记》,或是《源氏物语》。虽然有人说《古事记》体现了日本人纯粹的思维,但那在很大程度上受到了佛教的影响。他不得不无视那些,断定整个《古事记》体现了日本人古来的思维,他只能那样做。

《源氏物语》也是一样。如果说中国的《诗经》这一最早的古典的中心是思无邪的话,那么我们日本经典的中心也是思无邪即幽情,宣长采取的是这样一种逻辑。

如果宣长是经历这样的历程来创建学术的话,那似乎也是他的一种策略。

但他说后来才知道幽情与思无邪相似。他说自己在探寻深奥之处时,最终才发现日本文学的中心是幽情,而那与思无邪有共同之处——如果对他的话照单全收的话,可以这样来理解。

说那是在思索成熟时的到达点,而不是借用来的,这种说法毫无道理。

在此，让我们来思考一下与思无邪相似的幽情。

总之，在说到与思无邪相似时，意味着幽情是排除一切杂念的根源。

那么，排除了所有杂念的基本又是什么呢？因为将所有杂念都排除了，所以一无所有。这等于一无所有是最大的根源。换言之，那是将"无"这种东西量化了。

将"无"量化的东西便是幽情。

人们认为零是一无所有，其实并非如此。那是非常浓密的存在。

充实的余白，"无"才是有效的。幽情探讨的是"无"能扩展到何种程度这个问题。

世界一下子变开阔了。

我曾听说中国的《老子》现在是世界上第二大畅销书，最畅销的当然是《圣经》。包括欧美圈在内，第二大畅销书《老子》在世界上获得了许多读者。例如，该书说"大象无形，道隐无名"，这种东西便是"道"。

另外，他还指出"道之为物，惟恍惟惚"，老子认为道只是恍惚存在。

老子说道隐蔽，无法看见，也不应该给他命名。但话虽如此，那毕竟是物，物必须是存在的东西。因此，老子认为它以恍惚这种状态存在，是含糊、隐而不现、漠然不可见的东西。老子将道理解为非常抽象、内容充实的东西。

这种思想认为：看得见的只是单纯的现象，看不见的东西更重要。

关注亚洲思想的空无性，并努力将之量化，主张无的有效性，那非常了不起。那带来了余白的艺术，长谷川等伯的画作中就有许多余白。

但那并不意味着余白中什么也没有，并不是什么都没画，实际上画得非常浓密。

幽情应该就是那种浓密的余白。将杂念全部排除之后的存在十分重要，这大概是在主张无之有效性、余白之充实感的一种观点,这种观点在亚洲具有广泛影响。

实际上,那对于我们来说非常重要。人类的能力十分有限,人能看到的范围只有几勒克斯,能听到的声音只有几分贝,但有些动物却能分辨出细微的声音。

老子和庄子很早就注意到了这一点。因此,他们说道这种东西看不见,如果显现出来就没有价值了,那必须是思无邪。

三

这样说来,我想起了"永远"这个概念。

和辻也曾提及过永远,以往那是古人的所有物。我认为:时代从古代变迁到现代,人类放弃了永远。在现代,人们认为所有事物都是有限的,说那才是科学、理智的判断。这是伴随自然科学的发展而形成的人类认识方式。

但是,超越有限的永远这种东西是存在的。

如果只将看得见的东西视为物的话,那么当别人对你说"请画一画灵魂看看",你只能回答说"没法画",或者"灵魂是不存在的"。反过来说,现代人不相信灵魂,因为那看不到。在认为看得见的东西才有价值时,不得不放弃灵魂。

但是,佛教中有微尘这种思想,认为虽然我们看不见,但那样的东西却是存在的。那种观点古代就有了。

古代人相信看不见的东西,因为他们相信那是有价值的,价值大概超越量与质等等。

日语中的"穷尽"这个词暗示了永远的观点。永远向终点靠近,但无法到达,"穷尽"正是这样一种概念。相反,"终结"这种动作则是到达目的地的概念。

学业可以终结,但道则无法终结,而只能穷尽。正因为想到达目的地却无法到达,所以才有无限的永远。那种无限、永远的概念是在追求某种看不到的极致的东西那种状态下出现。

希腊有一个名叫芝诺的数学家,他被视为异端。他认为:阿喀琉斯与乌龟赛跑时,乌龟先跑一步。飞毛腿的阿喀琉斯在后面追赶,但他追不上乌龟。

但实际上,汽车轻而易举地超过我们步行者。所以说,芝诺是异端数学家。

芝诺提出了二分法。例如,有 A、B 两点。依据二分法,AB 之间有中间点,中间又有中间点……可以一直分下去,这就是永远。因此,差距缩小,但永远追不上。如果在之间标点的话,永远成不了线。

我们学数学时,老师告诉我们线是点的连续。但即便是连续,但只要一直在标点的话,就成不了线,这种观点也能成立。

因此,可以说芝诺是将永远这种概念数学化了的数学家。

在这里,永远的观点也得到证明。

古希腊有永远这种观念,中国、日本也是如此。这样说来,我们能理解:"永远"是一种伴随"零"的概念,那非常重要。

但是,放弃了永远的现代人却将思考永远的芝诺视为异端。①

综上所述,不论是芝诺,还是老子、长谷川等伯,这些人都证明了余白的有效性。余白不是单纯的空白,那或是能永远标点的余白,能作为"道"来把握的余白,或是能用于绘画表现的余白。

宣长大概是将那样的东西称为幽情。

当他说一无所有是幽情时,他脑海里想到的大概是浓密的余白、有效的无、起作用的零这些东西。据说零是印度人发现的。

最近,罗兰·巴特提出了"零度写作"这种说法。那是说在写作过程中,被赋予意义。比方说写上"花",于是就存在花那种东西。在写下的那一刻,从被称为花的那种东西脱离开来并消失,那里存在零这种东西。

我认为那体现了欧洲人的绝望。

20 世纪是破坏的世纪。我认为"零度写作"也是那种 20 世纪的哲学。

但有穷尽了深奥的零存在。虽然罗兰·巴特说一无所有,实际上并非如此。

---

① 译者注:原文接下来还以日语中"祝、愿、乞、誓"这个词为例对"永远"进行了说明。因为涉及日语发音的问题,故省略。

灵魂是零,虽然看不到其外形,但我们相信它。精神也是看不见的,如果说看不见的东西就不存在的话,精神也不存在了。我们认为精神很重要,这一点也无需赘言。

我认为亚洲自古以来就有这种思想。欧洲很早就将之舍弃在近代自然科学之中了。特别是在经历了 20 世纪这一破坏的时代之后,那种思想不断在消逝。

但我们认为余白也是存在的。在等伯的画作中,风刮得嗖嗖直响。在那种背景下,鸟在枯枝上歇息,秋色渐深。我们似乎能听到萧瑟的秋风。

我们依然相信那种浓密的零,这与欧洲不同,与罗兰·巴特的想法也不一样。

在 3 千年前,孔子以及老子就非常关注余白的量化,认为那才是根本。他们主张零的量化、无的有效性,孔子认为思无邪才是根本。

与思无邪相同的便是幽情。不这样来理解幽情,而说那是"尊重女性""文学的自主性",想必宣长会感到很遗憾。

我认为幽情是指称由人类创造并与人类紧密相关的文化的根本概念。正因为如此,那与人情并不矛盾,与自然科学原则也不一样。我认为罗兰·巴特暴露了这一点,他精辟地指出"欧洲不是那样"。

我认为包括印度、日本、中国在内的亚洲所具有的文化视角是今后要探讨的问题。我们一直珍惜零的有效性、无限的浓密的余白、思无邪的绝对价值。宣长说幽情与思无邪相同,而且那都是零,他的这种观点极具亚洲色彩。

罗兰·巴特使用了所识(产生意义的东西)这一观念。例如,在说到"这是花"的时候,所识与符号是不一样的。

罗兰·巴特来过日本,对日本产生了浓厚的兴趣。他将日本理解为符号的帝国,写了一本名为《符号的帝国》的书。

他在该书中指出:符号在日本依然具有生命力。没有具体的事情,实体也不确定,那种符号发挥着自主的作用,它自身独立存在。所以说,日本人信奉符号。

我认为《符号的帝国》的观点是指写作的有效性。语言能够用

（側注）日本文化的构造

94

来叙述,而单词则不行。

所以,估计罗兰·巴特认为语言在日本也是有效的。但是,那是一种强烈的异国情调。

宣长的幽情论从一个方面把握住了日本认识方式的核心,那种认识方式具有历史悠久,现在依然处于中心地位。

需要反复指出的是,他试图将零的有效化,或者说将无数量化。而且,那是文化的基础。他说《源氏物语》如此,和歌更是如此。而且,和歌式事物构成日本文化的中心。

俳句是从和歌派生出来的。就俳句而言,几乎所有日本人都是俳句作者。

也就是说,所有日本人都具有诗人的潜质,大家都具有幽情。

孔子将那种与文化根本相关的精神称为思无邪,宣长则称之为幽情。

道与波动

一、第四次危机

人类在自然科学的基础上建构起了现代文明，其缜密研究与巨大体系极其精确地阐明了我们所处的物质世界，现在的人们已经能够对广袤的宇宙进行认识。此外，人类的生活也因为自然科学的发达而变舒适了。

如果说这种发达的状况是在 19 世纪以后才出现的话，那么我们不得不对这 4 百年来自然科学的进步表示惊叹。

过去，杰出的心理学家西格蒙德·弗洛伊德曾说过："至今为止，科学曾三次深深地伤害了我们人类的自尊心。第一次是哥白尼说我们不是处于世界的中心；第二次是达尔文说我们不是其他动物的主人，只不过是其表亲而已；第三次是精神分析学说断言我们的意识并不是它的栖身之地（自己）的主人。"

虽然这种说法是弗洛伊德将自己的成果进行历史性定位的胜利宣言，但不得不说他精辟地描述了人类以往的认识逐渐被科学侵蚀的过程。

如果按照弗洛伊德的说法，现在人类已经面临第四次危机，那就是 DNA 研究的飞速进展。高精度显微镜的发明，将来甚至能将染色体以及遗传因子的构造暴露在光天化日之下，

利用这些成果，能够对世界上的民族系统进行分类，另外个人已经很难是血缘中的单个存在。就连在不喜欢喝酒这种生活细节

上，人类都无法摆脱 DNA 的支配，大概没有比这更伤害个人尊严的事情了。

第三次到第四次的变化速度非常快。由此看来，第五、第六次伤害自尊心的事情大概很快就会出现，或许人类会全部消失。这样一来，爱因斯坦说过的"神不玩骰子"这句话再一次引发我们深思。这里所说的神当然是绝对的宇宙真理。人类全都被囚禁在神所支配的科学起点之中，不能像玩骰子那样在消遣中生存。概率论不被认可，所有事情都处于决定论所规定的规律之中，人类完全丧失了个人的尊严。

这样下去，21 世纪人类的自尊心会更加受到伤害。极端一点说，人类或许会变得与机器人无异。

不过，不一定就会变成那样。在这种状态下，也有学者提出了截然相反的观点。

比利时的诺贝尔化学奖得主伊利亚·普里果金（Ilya Prigogine）就是这样一位学者。

例如，投硬币时，是出现正面还是反面，那不能由决定论所左右，那是神玩投骰子的游戏。

普里果金主张物体的耗散结构。他认为自然现象一般具有不可逆过程的"非平衡系"。在那里，被认为是无用的熵增加，引起波动，波动产生新秩序。这与"平衡系"自然现象像结晶构造那样具有静止构造的秩序不同，他将这种"非平衡系"的现象称为耗散结构。

顺便说一下，"非平衡系"与不发生热变化，保持一定状态的"平衡系"相反，不断与外界交换能量与物质，是一种开放的动态。

因此，上面提到的熵以及波动十分重要。所有能量改变形式时熵都会增大，从那种无秩序、混沌的状态逐渐向下一个有秩序的状态转变。以往，人们认为熵成为不能利用的热并无秩序地扩散，因此普里果金的上述观点与以往的观点相反。

普里果金说波动在朝着这种秩序过渡时，呈现混沌状态。

因此，毋宁说波动是一种自然的状态，有波动反而比较好。像电风扇等所使用的"f 分之 1 波动"便是如此。"f 分之 1"表示能量的变动与周波数成反比。

普里果金的这种观点与认为"神不玩骰子"这种爱因斯坦的观点完全相反,将物作为动态的、不可预测的东西来把握。如果说自然现象能稍微摆脱预测、决定这种"神"的支配的话,那么那里就会有人类自己的世界。因为人们从 f 分之 1 的波动中感受到了快感。

普里果金还打了这样一个比方。在北京,蝴蝶舞动翅膀,微风拂起,从那里不断传递,在纽约刮起了龙卷风。

那么决定论的科学,如上述从弗洛伊德到 DNA 的那种将人类无限还原为自然的一个部分的科学,那与普里果金所主张的由混沌、波动所带来的耗散结构这种思考,哪一种正确呢?

是具有相互结合的接点,还是两者分道扬镳呢?

然而,普里果金试图统一各个不同的学科领域。

知识的碎片化、人文科学与精密科学的重大分裂,那导致了一方面物理学家寻找永远的规律,另一方面社会学家讲述历史。

他提出的问题十分尖锐。因此,我们必须看到,普里果金不仅试图在科学史上给人类定位,而且还提出了将科学作为一个集合体来看待的科学观。

但遗憾的是,他在这两个问题上都没有得出结论。

究竟是像普里果金所说的那样,神也玩骰子,在骰子的不可预测性中有个人生存的余地,还是说普里果金的努力也无济于事,21世纪人类的自尊将进一步受到伤害呢?

另外,是否能像普里果金所说的那样,不分人文科学与自然科学,而是形成一个集合体,或者依然是各学科各自为政,尽管人是作为一个整体在生存,但凭着四分五裂的躯体度过 21 世纪呢?

他所提出的问题对我们很有启发。

二、鸥外与白头翁主义

如上所述,普里果金的学说崇尚混沌,那伴随变成耗散结构的波动,这是最为重要的问题。说起混沌,现在我想到了一点。森鸥外是日本近代出色的文明评论家、作家、军医。1909 年 1 月 17 日,在东京举行了故乡津和野小学的同学会,鸥外在同学会上了作为题为"混沌"的演讲(收录于《妄人语》)。在演讲中他说自己在欧洲看到日本人时,感觉还是白头翁主义比较好。也就是说,在欧洲那些表现得镇静自如的人、通达事理的人之后不会有什么发展。相反,像白头翁那样发呆的人却容易成功。

他将这一点推及万般,认为小材无用。运用前一个世纪的心理学表意、数学等知识也无济于事,在道德上循规蹈矩、为权威辩护同样也没有出息。

相反,"事物处于混沌之时,则非常有意思……混沌十八般兵器样样会使。总之,在动起来的时候,总会有某种东西出现。"

鸥外甚至还说:"我觉得这挺有意思,呆呆地看着,感觉自己身上也有与那种说法相对应的东西。……人处于混沌之中,拥有所有事物",因此不管出现怎样的新事物,"多少都会有些萌芽"。

房间乱糟糟的话,谁都想整理一下。鸥外认为:"即便整理,混沌之物也会永存。"

可以说,鸥外的这种观点是在对混沌的世纪状态进行充分观察的基础上提出来的。总而言之,秩序这种东西没有应变能力,不论处于怎样的变化之中,都会走向衰亡。相反,混沌之时十八般兵器样样会使,就具有应变的潜力。

我认为鸥外的这种观点与混沌通过波动形成后面的秩序这种耗散构造颇为接近。

说到房间杂乱无章,充满了熵,那反而反映了真实情况,不论怎么形成秩序,还是会有很多混沌残留下来。并不是因为混沌残留下来了,房间才充满了熵。

我们通常首先以整理与秩序等为标准,将不符合标准的东西视为未整理的以及无秩序的东西。但这只是头脑中的想法,普通的标准毋宁是混沌。这种思考方式的颠倒大概是学术给人带来的错觉。如果虚心看待的话,就能领会自然的状态。

物体本身波动着。波动——具有 f 分之 1 的波动让人感觉舒适,这是对白头翁主义的解释。

普里果金并不是因为读了鸥外的上述演讲才想到耗散结构的,两人之间没有任何关联。但在看待本质的眼光方面,杰出的欧洲物理学家、化学家与日本出色的思想家之间具有共通之处。

鸥外是近代的合理主义者,他以自己在欧洲生活的经历为素材创作的小说被评价为开创日本近代的作品。然而他的主题却扎根于日本的传统,这让人感到意外。

同样,如果从作为原则论的西欧近代退出来,讲真心话,就可能会出现上述混沌。那种情形与普里果金大胆地向欧洲正统科学史提出异议这种姿态具有相似的构造。

进而,我们对鸥外所说的"多少都会有些萌芽"感兴趣。我们不妨将那面向生产、生命运动的"波动"称为萌芽。

田原孝对两者的关系进行了以下论述:"健康的时候,波动变成混沌;生病的时候,则具有周期性的规律。"[1]据说,在通过混沌追加仪(CAP)这种仪器对图像进行分析时,脉搏、心跳等器官的运动不呈现通常的周期性。

另外,该文章还举出眼球运动这一身体器官波动的例子,指出一般情况下是微动,一动不动反而异常。

波动作为器官活动,是应对外界变化的萌芽,而将那些包含在内的混沌就是白头翁主义。可以说,那是相同的东西。

当然,鸥外理想的人类状态是"非平衡系"。

三、老子所主张的"道"

在探讨萌芽、波动这些问题的时候,不论我们是否情愿,都不得不想到老子所倡导的"道"。

《老子》对于什么是"道"这个根本问题是这样来说明的。

> 孔德之容,惟道是从。道之为物,惟恍惟惚。惚兮恍兮,其中有象;恍兮惚兮,其中有物。窈兮冥兮,其中有精;其精甚真,其中有信。自今及古,其名不去,以阅众甫。
>
> ——《老子》第二十一章

按照老子的说法,道总是恍恍惚惚、隐隐约约,但其中有精气,

---

① 田原孝:"混沌开创的新世界",《AERA》1991 年 4 月 20 日号。

是极其真实的东西，而且"其中有信"。"信"大概是指可以依靠的事物。

这样看来，老子最尊重的道是这种万物的根本性存在，就连"象"都是不明确的空间中的事物。"恍惚"是指无形的状态，所以是朦胧、昏暗的事物。总之，是不妨称为混沌的事物。在那里，作为象所看到的东西便是道。象也可以称为萌芽，也可以说那是令之后的秩序波动起来的东西。

为了对"恍惚"进行确认，让我们从《老子》中再引用一处：

> 视之不见，名曰夷；听之不闻，名曰希；搏之不得，名曰微。此三者不可致诘，故混而为一。其上不徼，其下不昧。绳绳兮不可名，复归于物。是谓无状之状，无物之象，是谓恍惚。
>
> ——《老子》第十四章

上文中提到过的"恍惚"是作为道之物的姿态，是包含在那里的象的姿态。即便在此，也不可视，不可闻，无法把握。作为被称为夷、希、微的世界，是浑然一体的东西。因为无法看清，是连续着的东西，所以不得不说那还是没有物的状态。

《老子》文体独特，内容颇为费解。不过，说虽然没有物，但夷、希、微浑然存在，因此并不是没有。

如果可以将这种状态称为混沌的话，自然能看出象征的事物。

让我们再来看一看关于道的说明：

> 有物混成，先天地生。寂兮寥兮，独立而不改，周行而不殆，可以为天地母。
>
> ——《老子》第二十五章

首先有物，但那彼此混杂着成长，而且那还是开天辟地以前的事情。

老子是在说：物寂寥，呈不变之相，充满于所有空间，可以说那是开天辟地之物。其真实面目难以捉摸，暂且称之为"道"。

我认为到了这个阶段,才宣告作为"象"的"道"的诞生。在开天辟地之前,其物质虽然充满了寂寥,却独立不变,具有万物普遍的价值。

这正是优美的"道"的诞生。

如果将老子与普里果金进行对照的话,在老子那里也可以看出处于混沌的状态并通过波动来构成耗散结构这种创造性的结构。

老子接下来对于这样诞生的道进行了论述:"吾不知其名,强字之曰道,强为之名曰大。大曰逝,逝曰远,远曰反。"斋藤晌博士指出:"大、逝、远这种逻辑,让人联想到你尼采的'永远循环'(die ewige Wiederkehr)。"[①]

道是老子思想最根本的概念,正因为如此,《老子》又被称为《道德经》。道处于恍惚的混沌之中,它作为象而存在,即便诞生也几乎无影无踪。总之,那是将结构本身作为生命诞生之前的状态来把握的思想。

有形的存在是以前事物的结果,同时也是以后有形事物的基础。

在健康的生命体中,波动呈混沌状态。关于这个问题,在前文中通过田原的综述进行过介绍,可以说这两者有相同之处。如果将那称为耗散构造的话,那么,这种思想本身就是对生命体的中间认识。

相反,在那作为结果出现的情况下,就没有波动,而是周期性规律占支配地位。也就是说,是病体,是没有生命授受的形态,是走向死亡的形态。在那里,道是不存在的。

这种中间认识与佛教中的不断变化相同。在不同于对物体进行个别认识这一点上,让人感觉与亚洲的思维相近。然而,对于普里果金所思考的熵的波动,老子又是如何思考的呢? 换言之,他为什么要在朦胧的混沌中来探寻根本的道呢?

老子试图在象中来发现根本的东西。"象"是"开始产生气"的状态。也就是说,象的核心之中存在气。

① 斋藤晌:《全译汉文大系 16 老子》,集英社,1979 年,309 页。

在日语中,"气"有 ki 和 ke 两种读音,我认为那原本来自中文。在"潮气"等中读成 ke 的情况比较多,大概在传入日本的早期,ke 的发音就已经固定下来了。

由此可知,不论是在中国还是在日本,人们认为气才是存在物的中心。当然,气没有形状。因此,日语中的"气配"(气扩散开来传递)、"物之气"(漠然感受道德存在,特别指恶灵作祟)这些词语表现了这种状态。中文中则有"元气"这个词。气的根本就是"元气",道被认为是天地之气、混沌之气、元气。

在日语中,"拿出元气"是"努力"的意思。那常常用来鼓励别人,让身体中充满天地的根源之气,从而产生勇气。

相反,人在生病的时候,是"气"犯了毛病,所以叫做"病气"。因此,显示气集中的状态,死则是气散开的状态。"气之集散"用来指"生与死"。

道是这种气的萌芽,当然没有形状。所以,将道称为混沌。

这样一来,我们不妨将面向耗散的波动替换成"气"。

四、北京的蝴蝶

日本人原来将蝶这种动物称为 hihiru。[①]《和名抄》中有这样的内容:"蛾,说文云娥,音义和名比比流,蚕作飞虫也。"

当时的发音大概是 fifiru,或者 pipiru。这个词在现代日语中已经消失了,不过冲绳还保留了类似的发音。例如,《神歌草子》中有 habelu 这种用法,那相当于奈良时代的 paberu。

pipiru,paberu 的词干大概是 pil 这个音。这在古梵文中被认为是指"波动"的意思。比起日语,法语中表示蛾以及蝶的 papillon 广为人知(19 世纪的拉鲁斯百科词典中有说明)。

另外,从"羽累日冲(hihiru)空"这段话中可以看出,日语中的 hihiru 原本是晃动、波动的意思。

像这样,蝶作为晃动、波动之物,将梵语中的原义带到了日本、

---

① 以下关于蝶、蛾的论述有些已公开发表过。请参见拙著《古代日本人的宇宙观》(NHK 出版,1994 年)。

法国,而古代希腊人把蝶与蛾当做魂来看待。希腊语中的 psykhe 原本是魂的意思,这个词同时也用来指蝶。神话学家托马斯·布尔芬奇指出:"psykhe 在希腊语中是'蝶'的意思,这个词还可以指灵魂。"[1]

将这一点反过来说的话,生命与灵魂性质相同,那化为蝶,在空中翩翩起舞。蝶是可视的灵魂。

这种希腊式思维在日本也可以看到。文禄年间(1592～1596)的俳人内藤丈草有这样的句子:

　　　大原蝶之出,舞朦胧。

这首俳句将充斥于大原的平氏一族的亡灵视为夜里的蝴蝶。在《古事记》(上卷)的神话中,神以蝴及蛾的姿态出现,少彦名神穿着蛾的羽衣,来到这个国度。

冲绳的姊妹神这一巫女有时候也会变成蝶,仓塚晔子对此进行过详尽的研究。[2] 在这里,巫女之魂也是以蝶的姿态显现出来。

日本的古典中,有魂化蝶的美丽故事。例如,《发心集》(卷一)中就有这样的故事:

平安时代的文人大江佐国喜欢花,他常说死后想化成蝶在花丛中游玩。

在他死后,某一天有个人看到一户人家庭院里百花齐放,争奇斗艳,有几只蝴蝶在花丛中翩翩起舞。

那人把主人喊出来,向他讲述自己的感慨。主人回答说:"我是大江佐国的儿子。家父生前爱花,想比死后也如此,因此种了这么多的花。"《庄子》(齐物论第二)中有这样的内容:

　　　昔者,庄周梦为蝴蝶,栩栩然蝴蝶也。

庄子说他在梦中化为蝶,翩翩起舞。关于"栩栩"这个词,自古

① 大久保博译:《希腊罗马神话》,角川书店,2004 年,168 页。
② 仓塚晔子:《巫女的文化》,平凡社文库,1994 年,83 页起。

以来就有不同的解释,《说文解字》主张"栩"是"柔"的意思,指飘动貌。

在前文中论述过的 pil 的问题在这里也有效,从这一点也可以看出魂为蝶这种说法并非只限于希腊。

如果将《发心集》与《庄子》单纯加以比较的话,似乎《发心集》是根据《庄子》中有名的故事撰写的。之后的内藤丈草的俳句也受其影响。其实,在更广的范围——就词语而言在全梵语圈中,就观念而言在包括希腊在内的世界文学中,来思考中国、日本的文学,这才是正确的做法。

让我们再次回到《庄子》。关于在前文中介绍过的故事,庄子做了以下论述:

> 昔者庄周梦为胡蝶,栩栩然胡蝶也,自喻适志与! 不知周也。俄然觉,则蘧蘧然周也。不知周之梦为胡蝶与,胡蝶之梦为周与? 周与胡蝶,则必有分矣。此之谓物化。
>
> ——《庄子》齐物论

总之,庄子说弄不明白是自己变成了蝶,还是蝶变成了自己。但是,不用说两者是有所"分"的。

庄子将那种状态称为"物化"。

如果这不是诡辩的话,那么"物化"是一个极其重要的概念。虽然是两种事物,但并非孤立地存在。即便庄周一直化为蝶,或者蝶一直化为庄周,这种思想都不充分。总之,那与事物是不断变化的这种通俗的思想不是一回事。

换言之,最大限度地允许自己作为蝶,同时又不失为庄周,反之亦然。我想那大概就是被称为"物化"的认识论。

如果庄周不是庄周,不断变化(反之亦然)的话,就不能"分"了。虽然能"分",但那处于"物化"的位相之中。

实际上,上述生命与魂、蝶的应有状态一定在"分"上得到了认可。在这里列举的三者虽然原本都能够"分",但因为"物化"而不被视为不同的事物。魂化为蝶这种表述本身就违背了这种思想。

在日语中,用"成"这个动词来表述这种关系。"成"表示自然变化的趋势，同时还可以表示行为的结果。那是能够"分"的"物化"。

即便就生命与魂而言，世界也处于"物化"之上。psykhe 既是呼吸，又是灵魂。在日语中，"呼吸"也有"生存"的意思，呼吸常常变成云雾。汉字的"雲"是由"雨"和"云"结合而成的。在这样具体看待生命活动时，魂也被视为具体的东西。

蝶是其中一个例子。除此以外，萤火虫也被视为魂。

因此，日本人将《庄子》的"物化"表述为 fuyu。

百姓至今咸承蒙恩赖。

——《日本书记》神代上

大国主命与少彦名命其心协力治理国土，百姓受到他们的恩惠，因此恩惠被称为灵魂的 fuyu。过去，本尼迪克特在《菊与刀》这本研究日本的著作中，认为日本人的"恩"的概念令人费解，"恩"是由这种尊贵者灵魂的 fuyu 即振动所赐予的。

在古代，有一种叫做"镇魂祭"的仪式，"镇"又可以写成"震"或者"振"，那都被认为是摇晃灵魂的东西。

其实，我认为更加根本的 pil 概念处于波动之中。作为事物根本的波动处于呼吸之中，灵魂波动，化为蝶在空中起舞。Psykhe 所指的就是这种现象，《庄子》将同样的现象称为"物化"。

关于灵魂，日本人用"震""振"这样的动词来表现那种动感，用世界通用的单词来指称蝶。

在给中国和日本文学定位时，应该根据"波动"的认识，从世界范围来思考。

其实，"波动"这个词语是依据现代物理学家普里果金的含义在使用。

他反对以往的决定论物理学，采取概率论的立场，而且阐明熵的增大带来的波动，并在那里形成新秩序。例如，他是这样来思考波动的：

存在自然的波动，那体现了多系列的特性（或者原始论特性）。但是，如果系列安定的话，波动就不重要了，因为那不久将会消失。

而且，不安定性一出现，事态就会突然改变。波动增大，达到宏观的水准。

因此，初期的波动决定即将到来的状态。[①]

普里果金对爱因斯坦的波动公式进行了修正，指出了不安定性中的波动。我想大胆地指出：《庄子》所说的“物化”发现了与这种不安定性无异的状态，尽管这样说或许会招致误解。

因此，再次回到普里果金所说的北京之蝶。如前所述，作为说明不可预计性的事例，普里果金使用了蝶起舞这个比方。蝶作为波动之物，原本就在世界上广为人知。

这种观点与欧洲近代哲学中的自性与他性相似——自性以自在的变化为前提，他性以自为的变化为前提，彼此不是正与反，却又有所不同，因为物化是以蝶与庄子的灵魂相通为前提的。

庄子与蝶是不同的事物，但两者的区别并不明显。佛教中有名的“即”这个词便是使这种“物化”得以成立的基本。“色即是空”这句名言中的“即”就是这种意思。

为什么通过“即”可以轻而易举地越过自他的区别呢？如果以普里果金的方式来说明的话，物体全都存在于非平衡系之中，拥有耗散构造，总是追求下一种秩序。

综上所述，面向 21 世纪，应该纳入我们视野的只有欧洲与亚洲思想的对照。

与其说谈论今后欧亚文明应该如何开展交流这样的问题，不如思考必然出现的世界文明的蓝图，那才是欧亚文明的交流。

而且，那也是朝普里果金所追求的学科领域的融合、人文科学与自然科学的融合这一大命题迈出的一步。

在上文中，我只援引了普里果金的学说。天才物理学家福里晓夫·卡普拉的名著《“道”自然学》早在 1975 年就出版了，曾在世

---

① 格兰仕德尔夫、普里果金著，松本元、竹山协三译：《结构、安定性、波动——其热力学理论》，篠竹书房，1977 年，98 页。

界上引起了广泛的反响。卡普拉从亚洲的道对物理学的新前景进行了展望。

不过，卡普拉将那称为"东洋的神秘主义"（Eastern Mysticism），并以那种观点来看待老庄的思想、禅以及印度的《黎俱吠陀》等，这让人感到遗憾。

但该著作的中心内容是探求欧亚思想的互补性和一致性，明确地显示了21世纪了人类应该追求的方向。例如，该书中有这样的内容：

> 万物复杂交错，作为现象的编织物而体现。在那里，各种各样的关联相关交错、重叠，形成关联，那种编织物通过这种方式形成。
>
> ——W·海森堡

这种思想与《优婆尼沙土》的诗异曲同工。

> 大地，天空，大气
> 都编入其中
> 风也如此
> 与所有生命的气息想连
> 他知道
> 他一个人是魂

对这个问题的探讨，最终会看出魂的问题。加上这些问题，探讨应该能够深化。我认为普里果金的学说也会因此而更具建设性。

Ⅲ 自然的文化系统

自然之律

前 言

伊藤整曾在其名著《文学入门》中将文学区分为上升型和下降型,将俄国文学《罪与罚》等确定为上升型,说日本的文学属于下降型。例如,就像《平家物语》开头听到的诸行无常的钟声那样,日本文学中的确发出一种灭亡的哀声。

另外,三岛由纪夫也曾将日本文学规定为女性文学。三岛从《假面的告白》出发,在《潮骚》中试图转型,后来走上了《忧国》之路。他的这种观点并不难理解。

然而,深深扎根于日本文学根基的下降型或者说女性特征究竟是什么呢？为什么会变成那样呢？如果近代小说依然继承着物语的传统,而物语本身是和歌的话,那么似乎也可以将其替换为抒情性或者情感性。尊重主观的诗歌精神这种特性在日本文学中十分明显,而所谓主观的诗歌精神与意志思想性、客观叙事精神这些内容是相反的。

因此,与其说这是文学的问题,不如说是日本人精神世界的问题。如果效仿铃木大拙"日本灵性"这一有名的说法,应该将那视为日本式精神的倾向。因此,在语言表达方面,应该将此视为文学的特征,但如果超越表现媒体来说的话,那也可以作为整个艺术、思想,是属于日本文化方面的问题。事实上,不论是在文化的基本特性中,还是在构造物充满活力的优雅造型,以及在圣德太子所提倡的"和"的思想之中，都能发现在整个日本文化中流淌的丰富感性。

但是，这并不是整个东亚的特征。在朝鲜，特别是在盛装中，展现的是红黄蓝的鲜艳搭配，中国更加强烈地凸现大红大绿，而日本的配色则极其柔和。且不谈中国的法家，虽然老子崇尚自然，但在这一点上却依然十分彻底。

与这些形成对比的日本的抒情性究竟是什么呢？为什么会变成这样呢？

如果这一点弄清楚了，我认为能在一定程度上给作为东亚文化之一部分的日本文化加以定位。

一、由讽刺主义形成的物语

在日本，不妨将抒情性视为诗歌性事物的核心。这样一来，将与之相反的叙事性、散文性进行对照不失为一种有效的方法。不用说，日本最早的文学形式是歌谣、和歌，虽然其中有些是根据太古传说以及史书改写而成的，不过散文的原型应该追溯到《源氏物语》或者被称为"物语之祖"的《竹取物语》。

可以说，物语在那个时候出现了，因此日本人获得了截断抒情的散文精神。暂且让我们切合《竹取物语》来进行论述。

《竹取物语》是凭借日本自己的力量形成的，这一点广为人知。新文化总是通过与不同要素的结合获得发展，那是必然的结果。不过在与外来文化发生冲突时，该文化的主体走向明确也是自明之理。这里所说的散文性、日本文化的逻辑秩序的主体也是一样，我认为日本最早形成的散文在这些问题上具有启发性。

《竹取物语》主要是讲五个贵公子求婚的故事，这与在中国南方流行的斑竹姑娘的故事①十分相似。斑竹姑娘的故事收录在《金玉凤凰》②之中，据说是在四川阿坝以及甘孜一带流传。从竹子中

① 《新潮日本古典集成：竹取物语》，新潮社，1997年。附录中收录了百田弥荣子的解说"竹姬"。
② 田海燕编：《金玉凤凰》，少年儿童出版社，1983年。

长出的"斑竹姑娘"拒绝五个男子的求婚，与竹主人之子朗巴喜结良缘。五个男子分别是：土司之子、商人之子、官员之子、傲慢的少年、胆怯且好吹牛的少年。斑竹姑娘分别将敲不裂的钟、敲不碎的玉树、点不着的火鼠皮衣、燕窝中的金蛋、龙王额头上的喷水珠作为求婚的条件，那五个男子都做不到，因此求婚没有成功。而在《竹取物语》中，石作皇子、库持皇子、右大臣阿部主人、大纳言大伴御行、中纳言石上麻吕足分别被要求以佛之石钵、蓬莱山珠玉枝、火鼠皮衣、龙颈珠、燕窝绶贝作为求婚条件，也都失败了。除了最后两人的顺序不一，金蛋换成了绶贝以外，其余显然都类似。就两者的关系来看，与其认为《竹取物语》的流传造就了四川的民间故事，不如说该民间故事被《竹取物语》所采纳更为妥当。

严绍璗对中国民间故事与《竹取物语》的关系进行过探讨①，指出《竹取物语》受到了《搜神记》中天帝派仙女下凡的故事、《搜神后记》中天汉白衣素女下凡的故事，以及《汉武内传》《汉武故事》中王母娘娘的故事的影响。天仙不久回到了天界，而记载王母娘娘与汉武帝见面的文字中就有与辉夜姬升天相似的场面。此外，王母娘娘拥有长生不老之药，嫦娥盗取后奔月的传说也非常有名。

的确，日本是在通过假名这种工具吸收了东亚的各种故事之后，才出现散文的。

但我并不认为这样解构《竹取物语》，就能对之进行深入理解。讲述五个贵公子失败，这对物语这种散文的出现具有重大意义。在这一点上，斑竹姑娘也是如此。皇子、大臣、纳言这些贵人在那里遭到了无情的嘲笑。特别是石上中纳言把腰扭了，最终死去。而且，在最后还没有忘记说："闻之，辉夜姬少觉可哀"，嘲笑得非常彻底。丝毫没有感到伤心，这么说明明是在取笑。而且，后来遇到一点开心事就说"有绶贝"，真是穷追猛打。《竹取物语》中到处充满了诙谐的语言，这种语言游戏也是一种犀利的讽刺。

在这一点上，斑竹姑娘显得不彻底。土司、官人、商人之外的两个人独具个性，所以在这里嘲笑的不只是权威。在《竹取物语》中，辉夜姬甚至拒绝了天皇的求婚，就连最高权威都被当做嘲讽的

---

① 严绍璗：《中日古代文学关系史稿》，湖南文艺出版社，1987 年。

对象,可见十分彻底。那与单纯的求婚故事,即常见于民间故事中的聪慧者的故事性质大不相同。

而且,加纳诸平说这五个求婚者是有原型的,他们都是古代持统朝活跃的朝臣。他们分别是:石作皇子丹比岛、库持皇子藤原不比等、阿部主人、大伴御行、石上麻吕。

不比等是车持国子君的女儿车持夫人与天智天皇之子,过继给藤原镰足①,被称为库持(同车持)皇子的可能性很大。丹比氏与石作氏是同族。

其他三人都是以实名登场(麻吕的后面加上了"足"字),但皇子却没有,这是常见的韬晦之计,不难理解。

这样看来,很显然《竹取物语》的本质在于对权势进行了犀利的讥讽,对天皇也不例外。《竹取物语》通篇都文笔流畅,该作品极富政治性,并以对政治权力的讥讽为核心。虽是虚构的人物,但从名字上可知是何人,以此以古喻今这种做法在那以后的歌舞伎以及戏作中也很普遍,通过这种方式间接地讥讽政治是一种常见的方法。

而且,这种对政治进行讥讽的精神大概应该被指称为散文精神。的确,在这一点上,《竹取物语》是日本最早出现的"物语之祖"。

从这样的立场来看,斑竹姑娘的影响显得比较小。虽然《竹取物语》借用了《斑竹姑娘》的解难手法,但在嘲笑当时最高权威这一点上,彼此之间存在很大的差距。

其实,日本在那个时候已经开始受中国白乐天的影响。到后来的平安时代,白乐天已经给日本带来了各种各样的影响。有人说白居易的讽刺诗没有对日本产生影响,说日本人虽然引用了白居易的诗,但没有接受他的讥讽精神,那显然是妄言。

这种观点与我们在这里探讨的日本文化的抒情性关系密切。认为日本人将白诗的核心精神空洞化了,这种推测的出现没有出乎我的意料。

---

① 《帝王编年记》齐明五年项,《公卿补任》大宝元年项。

《源氏物语》等作品运用了白诗的讥讽,①并非没有受到白诗的影响。不过,在此无法对这个问题进行详细论述。尽管如此,不进行具体探讨,就想当然地说日本没有讥讽性、中国政治批判性强,就是一个很大的问题。日本的作品政治要素比较少,这是事实。本章便是针对这个问题撰写的,我们不能忽略在日本存在《竹取物语》那种批判权威的讽刺主义,以及由此形成的散文形式。

二、小说的出现与讽刺主义

另一方面,日本在明治初期引进了小说。这里所说的小说是针对物语的另一种散文形式,物语形成以后又出现过几种读物,但新诞生的小说与这些读物有明确的界线,其形态也是在与外来文化接触过程中形成的。

什么是小说,以什么作为小说的出发点,对于日本文学史上的这些问题,在此不进行探讨。让我们来关注一下假名垣鲁文(1829～1894 年)的几部作品。当时,日本从西洋引进近代文化,将目光投向世界,不久出现了小说。他的作品就是在这样的背景下创作的,其中同样充满了讥讽。

例如,《西洋道中徒步旅行记》(1870～1876 年)很显然模仿了那之前的十返舍一九(1765～1831 年)的《东海道中徒步旅行记》。不过,贯穿整体的并不是通俗小说作家的恶搞,而是对近代的激烈批判。因为该书的出版有以下原委:

> "我说,先生呀,趁如今流行西洋的东西,能不能给写点有意思的事情?"
> "若写弥次郎乘快船去西洋徒步旅行的事情,说不定好卖。"

虽说《西洋道中徒步旅行记》在很大程度上受到了福泽渝吉的

---

① 我在演讲"古代日本接受汉字文化"(1987 年 6 月 21 日,日本比较文学会)中对这个问题进行了若干论述。

影响，但福泽仍成为它揶揄的对象。

> 按福泽的引导往前划的话，总能划到地中海。
>
> ——《西洋道中徒步旅行记》第九篇序

这大概是指福泽的《西洋事情》（1860～1870 年）以及其他著作。该书对福泽将西洋视为新神的思潮持极其强烈的批判态度。翻译叫做英通次郎，那大概是"英国通"的意思。他说，在西洋"污物极尊"，自己在西洋的原书中读过，要是不信，不妨阅读一下即将出版的福泽译本。那是指有人吃了"用男人的大小便做成的"面包。《西洋道中徒步旅行记》充满了对"文明开化及其社会"的批判，这种讽刺与《东海道中徒步旅行记》的讽刺大不相同。

如果说在《竹取物语》中还可以看出中国民间故事的新见识的话，那么鲁文虽然对西洋抱有浓厚的好奇心，但他没有被西洋所征服。鲁文对西洋文化采取的是嘲笑、斜视的态度。

鲁文的另一部作品《安愚乐锅》（1871～1872 年）也是一个典型的例子。在书中，"崇洋媚外"者说"不食牛肉火锅者乃不开化之徒"。对此，鲁文称：

> 此大千世界之形象混沌如毯。之前，释迦如来称之为须弥山。见西洋人越重洋，走遍世界，释迦亦后悔。故西洋称航海之术为后悔之术。①

这是说，对所有事情都彻底进行合理解释的西洋文化反而是混沌的。说释迦后悔指定须弥山，那实际上是主张西洋文化应该感到后悔。

需要反复指出的是，鲁文的作品并不是小说的出发点。在坪内逍遥（1859～1935 年）进行明确的理论阐述，二叶亭四迷（1864～1909 年）鲜明地塑造近代人物形象之后，日本才诞生了小说。正因为有鲁文讽刺主义的基础，他们才能迈出那一步。在文明开化的

---

① 译者注：在日语中，航海与后悔谐音。

口号声中,鲁文在脑海里对汹涌而至的西洋一边倒的价值观以及引领那种价值观的政治展开了明确批判,小说就是在这种背景下诞生的。

某种讽刺主义支撑着小说这种非抒情性的文学形式。应该说,这一点与上述物语中的讽刺主义也有共同点。

二、自然(一)——诞生于竹子中的生命

那么,10世纪的日本人在嘲笑了以天皇为顶点的政治机构之后,又是以什么方式来解决政治绝望这个问题的呢?反过来说,对政治的讽刺是以什么为杠杆诞生出来的呢?另外,仅仅对当时的政治进行批判,随后期待另外的政治取而代之,还要放弃绝望等悲观情绪,建构逻辑秩序,这些事情日本文化能做到吗?

鲁文赋予登场人物以“日本魂”。众所周知,常常有人用“和魂洋才”这个词为核心来把握明治时代。另外,在《源氏物语》中,“大和魂”是与“汉才”相对的东西。这种二元论的应用无非就是“和魂洋才”论。但大和魂究竟能否替代西洋的价值呢?在《竹取物语》中也存在同样的民族自负,因而将政治排除了。

我这样来思考讽刺主义的根据。朗巴与斑竹姑娘喜结良缘,但辉夜姬没有结婚。那种差异便是《竹取物语》中讽刺主义的根据。

其实,《日本书纪》(景行四年二月)中有不可思议的记载。天皇在美浓行幸时,向名叫弟媛的美女求婚,并去了她家。弟媛立刻躲进竹林之中。

她为什么要躲进竹林中呢?这一点饶有兴趣。她说“夫妻之道,古今皆达则也。然吾有不便。”因此请求天皇召唤自己的姐姐。她还说“妾不欲交接之道……亦形姿秽陋,不堪久陪掖庭。”

这便是隐身竹林拒绝性交的故事。为什么弟媛一边说性交是古代之“则”,自己却又以“不便”为由表示拒绝呢?她故意强调一般人的情况,表明自己和别人不一样。

而且,她还说自己“形姿秽陋”,与众不同。美丽与丑恶其实是表里一体的,都具有超凡脱俗的异常命运。这与“恶”这种概念往

往是力量的象征是一样的。

在《日本书纪》中，说形姿秽陋，宠爱不会长久，但其实弟媛是异界之人，不妨称之为不能与人交媾的圣女。

异界之人不停留在普通人的层面上，这一点在白鸟处女传说中也被严格遵守，没有例外。不用说，《竹取物语》与白鸟处女传说之一端有相通之处，因此竹林中的圣女与辉夜姬一样不能与人交媾。

同样的材料还不止这些。同样是在《日本书纪》（垂仁十五年二月）中记载天皇召唤丹波的五个女人，其中四人分别是日叶醋媛、淳叶田琼入媛、真砥野媛、薊琼入媛，她们在《古事记》中分别以冰羽比卖（或者比婆须比卖）、沼羽田之入毗卖、元野比卖（或者真砥野比卖）、阿邪美能伊理毗卖之名出现。但名叫竹野媛的在《古事记》中没有出现。她的命名方式也与其他四人不同，她取的是丹后的地名。

不仅如此，根据《日本书纪》的记载，四人被送入掖庭，但"唯竹野媛因形姿丑被遣返本土。"竹林女子再一次因为"形姿丑"而未能与天皇结缘。

在《日本书纪》中，竹野媛因为羞愧而流浪，后来自尽。这与前面的故事一样，是为了便于中听。在《古事记》中，元野比卖扮演了这样的角色，但元野比卖没有必然性。竹野媛不结婚大概是最早形态。而且在白鸟处女传说之一《丹后国风土记》"奈具记"的传说中，坐镇竹林的丰宇贺能卖之命也去流浪了，可见流浪者非竹野媛不可。

也就是说，天女在某一天突然被老夫妻赶出家门，浪迹他乡留下地名的传说，最后到达竹野郡奈具村，并在那里留居了下来。这里讲述的是"奈具记"中的丰宇贺能卖之命与神社起源的关系，那与在《竹取物语》描写的谪仙流浪者的形象有共通之处。

不过，也有与天皇结婚的竹野媛，那就是开化天皇之妃丹波竹野媛（《日本书纪》开化六年正月）。在《古事记》中，其曾孙迦具夜比卖与垂仁天皇结婚。野口元大认为因为大筒木垂根王是迦具夜比卖的父亲，所以不难想象迦具夜比卖是从竹子中长出来的。也就是说，讚岐垂根王是大筒木垂根王的弟弟，也就是迦具夜比卖的叔父,野口对此表示关注。

　　的确,丹后是渡来人的居住地,特别是与垂仁纪(朝鲜半岛)的交流频繁。因此,在考虑具有斑竹姑娘这一外来要素的《竹取物语》时,具有很大的必然性。我甚至觉得《竹取物语》的原型是不是经由朝鲜半岛传入日本的。

　　因此,不妨将这视为把天皇家族与竹野地区连接起来的一个具体例子。但是,在将这些事例进一步抽象化的时候,我认为竹林女子不与天皇结婚这种心意超越古代政治的实际而存在。

　　如果不得不承认那种心意存在的话,构成《竹取物语》之主题的对政治权势的嘲笑马上就让人觉得十分给力。也就是说,竹子的神圣性以讽刺来与天皇政治相对抗。

　　如果在竹子的神圣性中寻求讽刺政治的依据的话,说法或许有些奇妙。在竹林中生长的女子是美貌的圣女,原本就不是凡人。不久,她们出现在人世上,搅乱凡人之心。在具有这种坚定信心时,才能大声嘲笑愚蠢的男人们,因为虽然那些男人抱着野心来求婚,但那根本就不会有结果。贯穿在《竹取物语》中的正是这种坚定的信念,那甚至成为社会上的一种道理。

　　《竹取物语》的话者并不是一时嘲笑特定的政治家,也不是凭"大和魂"来嘲笑流行的轻薄。而且,也不是在嘲笑之后得不到任何解救,而陷入绝望之中。

　　毋宁说,话者是置身于安定的圈子里,指控轻薄的有权有势者以及尊大的王权者的虚伪与欺瞒。在那个圈子里有不可侵犯的竹子的神圣性。

　　说来,社会性的人类不能脱离政治机构生活,特别是现代人生活在组织的圈子里。因此,能理解政治机构给人定位这种状态,虽然那并不是充分认定。毋宁说,也可以认为有更大的机构来给人们定位。我认为《竹取物语》服从着将竹子视为神圣之物的规律,并以此来赋予人们命题。那与在通常政治机构、社会组织中给人们定位的命题是一样的。

　　在那里,竹子也可以说是与竹子相关的自然,因此自然将人类的实际感受作为秩序。这种说法听起来或许非常感性化、抒情化,不过我最初提起的日本文化的抒情性就是受到了这些问题的启发。

因此,我想说:将自然视为与政治相互抗衡的逻辑秩序,这就是日本文化。我们最容易理解的生活上的标识就是政治机构,在中国自古以来就是如此。但在日本,取而代之的逻辑秩序是自然。

虽然乍看这是抒情性的、感性的说法,但讽刺者便是依照这些,并将其作为非常理性的东西。

四、自然(二)——葬身于月亮

我们还可以在《竹取物语》中发现一个与理智的自然、政治机构相拮抗的自然规律观,那就是月亮。

辉夜姬是月亮中的人,在度过了一段时间的世俗生活之后,她又要回到那清净的世界去了。这样的构思随着故事的进展,被笼罩在宗教的庄严气氛中,特别是在吃下长生不老之药时,感觉地上简直就是秽土。在这里,月亮看上去是真如之月,让人联想到净土的思想。特别是野口元大把其中的"天上的人乘云下降,离地五尺光景,排列在空中"这样的内容与《更级日记》对照,将那视为弥陀来迎的姿态,其着眼点非常独特。以往,就有人指出《竹取物语》结尾部分有回归佛教世界的志向,并对与月女相关的佛典进行过论述。

在这里,估计成书于 9 世纪至 10 世纪初的《竹取物语》具有净土思想,那意味着这个故事反映了崭新的时代风潮,是在外来文化的冲击下形成的具有活力的作品。我以前就一直主张是这种活力产生了这个故事。在《竹取物语》中,看上去并不是象征救济污秽灵魂的佛教世界明亮的真如之月,只是把月亮当做回归的故乡,而决不能将那视为象征净土的月亮。故事中还有这样的内容:

> 将近夜半子时,忽然竹取翁家的四周发出光辉,亮过白昼。这光辉比满月的光要亮十倍,照得人们的毛孔都看得清楚。

哪里谈得上是真如之月,简直让人有些毛骨悚然,不是一般的感觉。天皇的行幸,而辉夜姬"终于影迹全无"。这一段与异界的事物相呼应,是一种异常的光景。

因此,这里的月亮与被人称赞的中秋明月大不相同。

> 从前有人说过,注视月亮的脸是不好的,因此家人都劝辉夜姬不要看月亮。但辉夜姬不听,乘人不见,便又去看月亮,并且吞声饮泣。

结果,因为看了这种月亮辉夜姬在八月十五日夜归去了。

让我们再次引用一下野口的卓见。他说:月亮"清净玲珑,大概没有读者对那抱有阴暗不洁的印象吧。"其实,闪耀得令人毛骨悚然的东西,才能"照耀世俗世界阴暗的不安。"那种状态与女性的丑以及恶是一样的。

因此,正如严绍璗所指出的那样,不能将之与嫦娥的故事直接联系起来。这是一个讲述月亮不死的故事,与在富士(不死)山点火烧药的情节有关,虽然同样是奔月,但对月亮的理解是不一样的。

那么,《竹取物语》中这种不祥之月的真相到底如何呢? 我曾多次指出:不祥之月在韩国的古老歌谣,以及日本的《万叶集》中都有所见。[1] 疯狂的月亮原本就照耀过欧洲,在现代日本文化中也有出现。另外,中国云南昆明附近的少数民族在皓月当空的时候,会竞相出门跳舞。这与韩国古老歌谣中所描写的是一样的。

这些不祥之月源自对月亮夺取生命的恐怖,夜辉姬也是被月亮夺去生命的人之一。这种状况在《源氏物语》中也可以看到,可以说该书是集古代思辨之大成的新神话。

例如,《源氏物语》中有个紫夫人。作者把她开始感觉身心不适的时期设定在樱花的季节。

> 这正是三月初十日。樱花盛开,天朗气清,真乃良辰美景。佛菩萨所居极乐净土,景象恐与此地相仿。
>
> ——法事

---

[1] 柳田泉编:《明治政治小说集》"解题",筑摩书房,1967 年,483 页。

就这样，紫夫人从花预感到了死的降临，次日便卧床不起。之所以这样来构想，是因为认为花与月亮一样，会夺取人的生命。

而且，这种宿命是已经定好的。据称紫夫人"叫人看了联想起春晨乱开在云霞之间的美丽的山樱"，并因此在落花时节卧床不起。那样一来，另一种自然所具有的美，在美丽的月光中结束生命，也是理所当然的结果。

《源氏物语》的作者始终周到地说紫夫人以前"相貌过分娇艳，光彩四溢，有似春花之浓香"，而在八月十三日夜病危时，也是"无限清丽之相，幽艳动人"。而那是中秋明月的前一天，十四日清晨的事情。

而且已经停止呼吸的紫夫人"相貌十全十美，真乃冰清玉洁"。描写得简直能够与月亮相混淆。可以说，女人是月亮精。

葬礼在十五日举行。在这个时候，作者也言及月亮，描写已经去世的葵夫人。

> 记得那时月色甚明，但今宵只有以泪洗面，一切都不知了。
>
> ——法事

这样看来，作者确实认为花、月亮与人处于一种危险的关系，同时在那样的条理中讲述人的结局。

月亮即便不到中秋也明亮，另一种朦胧的月夜也容易打动人心。光源氏去末摘花家时，是在春天的十六日夜，那天是个阴天，月色朦胧。在那样的夜晚听女人弹琴，在八月二十日相好（末摘花）。

说起朦胧夜，一个叫"胧月夜尚侍"的女子曾使光源氏的命运跌宕起伏，她正式的名字叫匣殿，在被藤少将发现时，她心情不能平静。而当时恰逢"天色未明，残月当空，夜雾弥漫，气象幽奇"。

总而言之，如果从《源氏物语》中寻找与命运相关的事例的话，实在是太多了。在这里，只要能够确认《竹取物语》中的月亮确确实实被理解为掌控人类命运的事物这一点就行了。

要承认，那种力量非常强大，能够左右人类，确确实实地支配着人的生与死。说起月亮对于我们来说如何如何，或许有人会觉得这是一种文学表现。即便稍为严肃一点考虑，或许只能理解为迷信、民俗信仰，或者被视为有些少女情趣的伤感。

但是，我曾在多篇文章中指出：作为日本的美而得到认可的雪、月、花其实是非常令人恐惧的事物。我是想指出深谙事理的智者他们是这样来看待这些自然的。现在，我依然这样主张。以《竹取物语》来说，我认为10世纪的日本人把政治机枢视为虚伪的东西。毋宁说他们生活在看重自然规律的合理性之中。

要再次指出的是：从竹子里生下来的女子，她的生命被月亮剥夺，这样一种规律与罗马的幻想以及伤感的抒情性性质完全不同。

五、自然规律

那么，这样的自然是否只存在于物语周边呢？在前文中曾提及小说的形成问题，催生过物语的讽刺主义在小说中是否存在呢？

近代文学起始于政治小说。明治维新以后，政治小说是正统。作为人类社会机构的政治似乎在那里第一次生根。

但是，我们熟知的矢野龙溪、东海散士、末广铁肠那些人的作品，并没有从正面来揭示规定生活于近代社会的人们的政治状态，很难说那些作品是以构成人类条件的政治机制为主题的。

例如，《佳人之奇遇》的作者东海散士出生于会津，身为朝廷敌人的他在明治以后饱尝艰苦，他将自己比拟为亡国之臣。相关的登场人物有幽兰，她出生于西班牙的世家，随父亲到美国避难，希望改革祖国的政治，让人民"栖息在自由之真乡"。另一个女子叫红莲，是爱尔兰的避难者，她希望爱尔兰独立。

还有一个清国人鼎泰琏，字范卿，他是明朝名臣翟式稆手下将领鼎琏之后。作为明朝遗臣，他力图光复明朝。

小说当然要讲述各种各样的历史，以及当时的自由民权思想。总而言之，其内容正如长谷川泉精辟地总结出的那样：

> 想来，在政治小说家《佳人之奇遇》中，散士与幽兰、红莲、范卿四人一组，或即或离，逐渐各人都能实现自己的一些愿望，同时也让散士与幽兰喜结良缘。这大概就是小说的主要

内容。①

　　按照长谷川的说法,虽然《佳人之奇遇》被称为政治小说,但与其说那是以政治为主题,不如说是以与亡国遗臣为主题,或是以略带抒情味的主人公颠沛流离的故事为中心。说起亡国遗臣,不少人或许会想到《国姓爷合战》;说起颠沛流离,或许会联想到《南总里见八犬传》。如果在这些之外再加上散士的罗曼故事,这已经成了说书的世界了。

　　的确,《佳人之奇遇》所涉及的世界非常广阔,从西班牙到意大利、法国、埃及。正因为如此,名副其实地获得了全球性。但是,作品并不是以这种广阔的人类社会的构图来批判政治,其中心内容充满了亡国的悲哀,以及力图遂愿的行动。

　　这种情形在《政治小说梅中雪》也是一样。投身于政治运动的充满正义感的公司职员国野基大显身手,而幼时与深谷梅次郎订了婚的富永阿春为了逃避叔父逼婚,就拜托国野扮装成她的未婚夫,结果得知国野就是隐姓埋名的政治犯深谷,两人欢欢喜喜地结为夫妻。

　　这部作品中也充分融入了作者末广铁肠的政治意识形态。国野认为自己与阿春结婚,可以凭借阿春的财力实现自己的志向。在此,作者的主要着眼于志士英雄主义。民权运动犹如深谷迎春的梅花,这便是志士英雄主义的想法。在逆境中实现自己的大志并为此立志传,还要与罗曼故事交织在一起,那绝不是在讲述作为人类世界构造的政治。

　　不论是前面的幽兰,还是这里的深谷梅次郎,那些隐而不现的美在赞美声中登场,在这里也充满抒情味。忘国之士的志向藏而不露。在以这种藏而不露的正义为主轴这一点上,两者具有许多共通性。如果极端一点说,政治作为赋予人间的条件并不是什么了不起的问题,实现个人的志向才是大事。

　　什么是政治小说? 这对当时的审判者坪内逍遥来说是一个大问题。他将《雪中梅》作为政治小说给予高度评价,并一度承认《经

---

　　①　柳田泉编:《明治政治小说集》(二),筑摩书房,1967 年,483 页。

国美谈》为政治小说,但后来撤回了这种说法。不过,《雪中梅》后来被人指责只是让政治家成为主人公,把政治斗争作为小说的舞台而已。

由此说来,支配日本小说的不是作为人类机构的政治以及逻辑秩序,而是抒情物语性。

但在另一方面,不得不对这种人的看法,以及在亡国以及贫困的处境中依然胸怀大志的主人公进行描写,因为他们必然处于那种状况。这样想来,他们的志向似乎是命运性的。在作者看来,那似乎是上天的安排,也可以说是读者交给他们的东西。

其实,这种规律比起政治这种人类的构造更大,因此人们顺应、依照那种规律,并与规律之间建立起一种相互信赖关系,在那个时候,人们大概就能对文明开化进行讥讽了。我认为,比起政治与人类一筹莫展的关系——尽管那容易被现代人理解,人类会与更加确切的机构形成关联。

那与自然这种机构的关系大概也是相通的。如果将现在被称作规律的东西称为命运、宿命的话,那与再通俗不过的伤感有相通之处。但关键是不能将那视为伤感与抒情。

结 语

将日本式的事物称为伤感、抒情的这种做法的实际目的是对其加以否定,我认为那样做是有问题的。自然以及人类行为中被赋予的规律比起任何事物都具有逻辑性、结构性。必须指出,那比起我们认为是非常重要的机构即政治、制度等要严格得多。

我在开头部分列举了几种有特征的事物。下降型、灭亡、女性、抒情性、丰润的感性等等。但这些是在将尊重自然、行为的所与律——也可以称之为命运的东西视为非逻辑性的东西时,才会使用这些词语。

不过,我认为上述看法建立在一种误解的基础上。我认为正确的做法是:抛弃先入观,重新评价非逻辑性事物,那样才能看到日本式事物的正确姿态。在此,我想提出一种推测,恐怕日本文化一方面具有东亚式特征,同时又应该与之有别。

现在无暇论及文学以外的问题，不过我认为逻辑性地重新把握非逻辑这种方法不仅能运用到文学，还能扩展到日本文化论这更大的范围。

世界树与大地

一、想象中的世界树

在日本的古代文献中,有关于巨大树木的记载。例如,《古事记》(下卷)仁德天皇项中说兔寸河西面有一棵大树,旭日照耀下的树影越过高安山。

从影子的情形来看,那棵树非常高大。当然,那是传说中超现实的树木。

同类树木也有不少。播磨国①大楠的影子在旭日的照耀下遮蔽淡路岛,在夕阳的照耀下盖住大和岛根(《播磨国风土记》)。在九州以及肥前国②,大樟树的影子也在旭日、夕阳中遮蔽附近的山丘(《肥前国风土记》)。

九州同样有很多关于大树的传说。已经倒下的筑后③的橡木,以前它的影子早晚也盖住了杵岛山、阿苏山(《日本书纪》景行十八年七月)。另外,同为筑后的栴檀的影子也盖住了肥前的多良峰、肥后的荒爪山(《筑后国风土记》)。另外,虽然没有提及太阳照耀时的树影,但见于《丰后风土记》球珠郡项中的洪樟也是一种大树。

那么,为什么会出现这些关于大树的传说呢? 这些传说又具

---

① 译者注:旧国名,相当于今兵库县南部。
② 译者注:旧国名,相当于今佐贺县以及长崎县。
③ 译者注:旧国名,相当于今福冈县南部。

有什么意义呢？为了解开这些谜团，让我们把眼光投向大陆。

中国的《山海经》海内南经中有一种叫做"建木"的树，袁珂认为那种树具有天梯的性质。[①] 那种树位于名为"都广"的天地中心，成长在乐园的中央。

"到了中午，太阳照在树顶上，看不到影子。"建木的形状也奇特，"伸展开来像一把伞"，细长的树梢直冲云霄，"只有树梢上长了弯曲的树枝"。

在这里也提到了太阳，那表明建木与前面介绍过的日本大树具有同样的性质。

我想这些大树大概是天梯，也就是说，人们相信大树是一条天路。

而且，如果这种大树位于天地的中央，像撑开的伞一样的话，那么太阳自然是顺着这把伞升起，落下。因此，太阳东升时西面的树枝把西半边遮盖，反之亦然。

就与太阳的关系而言，在《山海经》海外东经中，黑齿国北面有一处名叫汤谷的地方，那里热水沸腾。汤谷有扶桑大树，太阳在那里沐浴，只有一个太阳顺着扶桑大树升起。

这样的故事充满谜团，不过类似的故事在《淮南子》天文训中也有，是说每天有一个太阳离开汤谷顺着扶桑树东面的树枝升天，到达顶点后，再顺着西面的树枝落下来。

那样一来，扶桑树也是同一种类的大树，这里应该也是世界的中心。在《山海经》中，扶桑似乎长在东面。北山经中有"三桑生之，其树皆无枝，其高百仞。"海外北经说"三桑无枝，……其木长百仞，无枝。"这让人感觉树木高大，甚至要把全世界都遮盖。

巨大的桑树乍看让人觉得有些奇怪，但日本的文献中也有这样的内容：

> 昔者，郡东桑木之村生桑，其高无比，枝干直而美，绝不足为怪。
>
> ——《丰后国风土记》直入郡

---

① 袁珂著，伊藤敬一、松井博光译：《中国古代神话》上，筱竹书房，1960 年，70 页。

《中山经》中有以下内容：

（宣山）……其山有桑焉。大五十尺〔围五丈也〕，其枝四冲〔言枝交互四出〕，其叶大尺余。

巨大的桑树大概就是这种树的扩大版。

让我们再来看一看日本的情形。赞美景行天皇宫殿的和歌中也有关于榉树的描写：

举新尝祭桧建宫，枝茂榉树盛宫旁，其者上枝盖青空，中枝覆盖其东国，又其下枝掩偏壤，上枝梢叶落中枝，中枝梢菜坠下枝，下枝梢叶如浮脂，叶落三重采御盖，搅响似水咕噜噜[1]
——《古事记》下卷，雄略天皇项

榉树自古以来就被视为圣树。如果其枝叶遮盖天空、东国、偏壤的话，那么首先是顶上的树枝在天上伸展开来，当然太阳沿着树枝运行。而第二、第三枝遮盖东国和偏壤（大概是指西方），这样一来，全世界都被榉树遮盖住了。

榉树耸立在宫殿，这一点十分重要。这种树不是随便生长在哪里都行。前文中提及过的建木也是生长在天地的中心、东国之中。同样道理，榉树也必须生长在世界的中心。描述旭日、夕阳照耀下的影子，说明那颗榉树处于中心。

前引"雄略纪"中的形状大概比较典型。就像建木的树顶冲天、下面的树枝成伞状一样，天与树枝之间要有空间，太阳在那个空间通过，这样来理解大概比较简便。

那么，"雄略纪"中的上枝，在天上伸展的树枝有什么用处呢？那大概是用来支撑天，宛如长在空中的血脉，在空中伸展。建木的树梢被想象为插入天空，这一点也想象得非常周到，没有树梢的话就够不到天上。

因此可以将之视为天梯。

天梯是用来登天的梯子。在幻想天梯时，不借助任何具体物

---

[1] 《古事记》下卷，雄略天皇项。

的例子极少。例如在日本的神话中，伊弉诺尊和伊弉冉尊是站在"天之浮桥"上造了日本岛。应该说传说常常是具体将山以及树木当做与天连接的工具。

在日本，人们将那些称为"天桥"，例如《万叶集》中有这样的作品：

> 天桥虽云长，高山上可攀，
> 月神有灵水，引之返童颜，
> 取水奉君前，引君变少年。

——13卷—3245

在这里，将天桥（通往天上的桥）与高山并列，将神话中抽象的桥表现为可见的高山。

据《丹后国风土记》记载：过去通往天上的桥梁现在倒塌在海中，成了"天桥立"。这也是将天桥想象为可视土桥的例子。

但是，更一般的做法是用山来比拟，就像前引《万叶集》中的和歌那样。人们认为山首先是支撑着天的柱子，然后才是登天的梯子。正因为是支撑着天的柱子，所以上天时能用得上。

天柱的例子很多，相关研究也有不少。[1] 例如在《淮南子》天文训中，共工与颛顼相争时撞到不周山，结果天柱折断，地绳断开。人们认为不周山的四个角是用绳子固定着，像耸立的柱子一样。

不过，在前面的记述中，天柱折断后向西北倾斜。由此看来，天柱不是在中央，而是在西北。这与"八柱"（《楚辞》天问）、"四极"（《淮南子》览冥训）的说法如出一辙。

但是，将偏向西方的昆仑山视为天柱的说法很多，《艺文类聚》（卷七，山部上）的文献中有以下内容：

> 昆仑山，天中柱也。

——《龙鱼河图》

> 昆仑有铜柱焉，其高入天，所谓天柱也。

——《神异经》

---

① 例如，森三树三郎《中国古代神话》（大雅堂，1944年）164页起。

昆仑……一曰天柱。

——《葛仙公传》

昆仑月精……巍然中峙，号为天柱。

——郭璞《昆仑丘赞》

这些都表明：昆仑山是一条连接天地的天路，这样一种观念被固定下来了。

与这些相比，日本在地势上比较自由，上述"天桥立"根本就不在山岳地带。我认为大和的仓梯山（现在的音羽山）似乎也曾被视为天柱。

因为那座山被称为"梯立的仓梯山"①。现在看来那座山并不高。不过，有和歌写道：因为仓梯山太高，月亮都出来得晚了，②可见曾有人认为从那里可以通往上天。

袁珂认为：建木与这种天柱同根。人们认为四方有支柱，或者将西方的昆仑视为天柱。主张建木存在于天地中央，使建木变得更加典型，哪怕在有些偏僻的都广之野。

在建木以外，大椿也被视为巨木。《庄子》逍遥游中说："上古有大椿者，以八千岁为春，八千岁为秋。"

这种大椿的思想传入了日本，汤冈之侧的碑文（596 年）中记载（据说在那是由圣德太子撰写）："椿树相瘿穹窿，实似五百张盖。"（《伊豫国风土记》）这让人想到遮天蔽日的巨树。

后来（1639 年），林罗山谈及这一点时，还撰写了《百椿图序》：

夫椿之有也，称于庄，载于本草。倭名谓之都婆崎，或号海石榴。本朝先辈赋白椿云：云根保寿托南华，花发金仙玉府家，素质宛花冰雪面，不随红艳作山茶。

另外，还提到了《万叶集》：

---

① 《古事记歌谣》69、70。
② 《万叶集》卷 3－209，卷 9－1763。

兵部少辅大伴家持植八峰之椿,发其花于词林,其后讽人
韵士历代吟赏焉。故贺紫宸则镜山之玉椿明照四海之天,祝
绿洞则姑射之灵椿永持千世之春。

那大概是在神仙思想中来给大椿定位。大椿在《庄子》中就被
描写成巨大、灵妙的树木。在这一点上,两者有共通之处。不仅在
中国,在传入日本的思想中,后来风流之士都将大椿视为灵木,一
直对其进行赞美。

在圣德太子的碑文中,大椿处于大地的中心,呈伞状,是比建
木更为典型的世界树。

例如,在古代北欧的叙事诗《冰洲诗集》中,称世界树"享有盛
誉,在地下有九个世界,九条根"。那是白蜡树,是被称为"高耸入
云的尊贵的"圣树。[①]

而且,"这种圣树在所有树木中最为壮观,树枝伸展至全世界,
直冲云霄。"[②]这种树的根即达地下的三个世界,在这一点上与拥有
天柱、地维的不周山是一样的。

当然,因为是构成天地之根本的思想,所以世界树并非只出现
于《冰洲诗集》之中。芬兰的叙事诗《卡勒瓦拉》中也有这样的内容:

> 树苗繁茂,
> 分为两叉,
> 树枝舒展,
> 其顶即天,
> 树叶在空中伸展,
> 挡住云之往来,遮天蔽日,
> 使灿烂的阳光失色,
> 蔽月亮之光辉。[③]

——第二章

①　谷口幸男译:《冰洲诗集——古代北欧歌谣集》,新潮社,1973 年,9～11 页。
②　谷口幸男:《冰洲诗集与北欧传说——北欧古典导读》,新潮社,1976 年。
③　森本觉丹译:《卡勒瓦拉》上,讲谈社,1983 年,54 页。

在这里,出现了柏树。大树遮天蔽日,让人联想到日本的巨树传说等。

在《万叶集》中,也有关于富士山遮天蔽日的描写:

　　月夜月光照,月亦隐山间。
　　白云不敢行,常降雪而还。

——卷3—317

这两者有共同之处,让人觉得巨树与高山呈同一外观。

在《卡勒瓦拉》中,大树"分为两叉",那与在前文中介绍过的按照早晚两种方向来思考事物的传说有共通之处。

这样看来,日本关于巨树的传说所依据的是世界树的思想。这是思考天地、宇宙构造的根本思想,这种思想遍及北欧、中国、日本。

二、生命之树

在上文中曾指出世界树的思想可以在全球范围内来考虑。不过,世界树并不单单是生长在世界中央的大树。具有着多特性的特定大树也被视为世界树。

其最大的特点便是生命之树。

例如,在《冰洲诗集》中,白蜡树"在乌尔兹泉旁,郁郁葱葱,高高耸立。"那说明这种树借助生命之泉的力量,保持着旺盛的生命力。

有趣的是,乌尔兹是指织女,日本的天照大神以及中国的王母娘娘也被视为织女。因为王母娘娘是织女,所以才产生了牛郎织女的故事。在日本,人们认为织女在河畔迎神,这与牛郎织女的传说有共通之处。

乌尔兹后来被视为命运女神,这大概意味着她支配着生命。

被视为世界树的树木生长在水边,这是一个共通要素,《古事记》中的大树长在兔寸河边。中国的《山海经》海夕北经说"寻木,长千里……生河上西北",即生长在黄河畔,扶桑也生长在汤谷边。

水意味着生命,汤谷甚至能生出太阳来。

关于扶桑的"桑",有讲述婴儿诞生的民间故事。在《吕氏春秋》本味篇中,名叫有侁氏的女子在空桑发现了婴儿。《楚辞》天问中的"水边之木,得彼之小子",也被认为是指这个故事。

在《春秋演孔国》中,孔子的母亲与黑帝相交,在空桑之中生孔子。说圣人在世界树下出生,那与释迦之母摩耶夫人在无忧树下生释迦性质是一样的。

另外,将世界树视为生命之树,在这一点上桃树最具典型意义。人们一般认为桃子具有驱魔之力。这在《古事记》上以及《日本书纪》神代上,以及中国的《太平御览》所引用的《汉旧仪》中都有记载,其中在《古事记》和《日本书纪》中,桃子被用来驱散死神。总而言之,桃子具有生命力。

另外,在《诗经》桃夭中,年轻女性被比喻成桃子。在那里,桃子象征着旺盛的生命力,特别是承担生育的女性的生命力。

在平安时代,有卯槌的习俗。据说那是用桃子做成槌子来敲打女性。从中国传来的这种习俗说明桃子与女性的生育能力有着密切的关系,甚至拥有驱魔的神力。

这样的桃树作为大树在神话中出现,在《古事记》中,只提及那是"坂本的桃子",而在《日本书纪》中则说"时道边有大桃树",说明那是巨树。在中国的文献《汉旧仪》中,也记载在度朔山上"有大桃,屈蟠三千里",可见蟠桃树是巨树。

总而言之,桃子是与巨树传说紧密相关的树木,因而拥有生命力,能够驱散死神。

王母娘娘用桃子使武帝长生不老的传说,也是以此为根源的。《日本书纪》神代上中记载伊奘诺尊"向大树放尿,此乃化为巨川。"如果那棵树是桃树的话,桃子就是世界中心的巨树,那里流淌出左右生产的河水,成为江河的源头。这与将在后文中论述的伊甸园具有相同的构造。就上文而言,乌尔兹泉也是一样。

在晋代陶渊明的《桃花源记》中,桃树具有旺盛的生命力。受其影响,构成了将桃花源视为乌托邦的思想,那种思想也传播到了日本。桃子从河川上游漂流而来的传说便是其中之一,大臣苏我马子最终将自己的墓地建在桃源之地。

关于桃树的这些想法大概由来于桃树是巨大的世界树，是生命之树这样的观念。

其实，《万叶集》的歌人大伴家持让少女站在桃树下，歌咏"桃树下的美人"（下卷19—4139）。这种桃树生命力的构图①，和桑树与孔子、无忧树与释迦的构图是相同的。

因此，不限于桃树，出现描写世界树下的女性这和"树下美人图"是理所当然的事情。按理说，在世界树之下，应该描绘大地母神。"树下美人图"的构图很美，不过应该说其依据意味深长。

已经有人对生命之树进行研究，C. M. 斯金纳便是其中之一。他列举了各种各样的生命之树，其中有前文中没有提及过的犹太教伊甸园中的树、基督教的苹果树、印度教的蒲桃（Soma）、波斯人的哈奥玛、柬埔寨人的塔洛克等等。②

另外，旧约《圣经》中记载，耶和华在东方造了伊甸园，让生命之树与分辨善恶的智慧之树从园中央的地里生长出来（创世纪，第二章）。

有四条河从伊甸园流出，这些树具有与上述树木相同的条件，因此是世界树。

关于智慧树，稍后再作论述，在吃了智慧树的果实之后，"用无花果树拼起来做成围布"，也就是对性有了认识。这也表明那是世界树、生命之树。

另外，伊甸园被视为乐园，这一点与中国的都广之野是一样的。据袁珂考证，都广之野五谷丰登、灵鸟栖息、草木繁茂、百花齐放。③ 建木就是长在这种乐园中央的世界树。

斯金纳所列举的蒲桃巨树在当地语中叫做Jambu，因为"产出永远的生命饮品"而被称为水果之王树。据说从这棵树下也流出四条河流，④死者就是爬上这种树前往"不死者居住的天界"，可见

---

① 中西进："丝绸之路与古代文学"，收录于中西进、山本七平编《思考汉字文化》（大修馆书店，1991年）144页起。

② C. M. 斯金纳著，垂水雄二、福屋正修译：《花的神话与传说》，八坂书店，1985年，15页。

③ 前引袁珂《中国古代神话》上，70页。

④ 前引斯金纳《花的神话与传说》，166页。

那是通达上天的世界树。

世界上许多地方都举行"五月祭",这一点因为弗雷泽的介绍而广为人知。[1] 想必那是关于这个世界中心树木的祭祀。而且,在日本的神话中,伊奘诺尊与伊奘冉尊这一对男女创造神在结婚时围着"天之御柱"绕圈,那大概是将具有世界类似性的五月祭衍化为神话的题材。

说来,称之为"天之御柱",说明那就是在前文中提及过的世界树。在那下面进行生殖活动是理所当然的事情,那强烈暗示世界树是以天柱的形象而存在的。

在日本,人们认为神是缘木来去。神社写成"杜",就体现了这一点。那最初是神圣之树,因为人们认为神缘即达上天的世界树降临人世。依附在那之外各种树木上的神是万物之神,那是泛神论的神,应该与之区分开来。

因此,虽然是当做海中的故事来讲述,但在日本神话中,火远理之命在造访海宫时,降临至神圣的桂树下。桂树下有泉水,女子在那里打水。因此,在古代日本人想象海底之国也有世界树。

在此意义上来说,神是缘木上下。因此,神之化身即神木往往成为神社的神体,即便树木不大,也应该将之视为世界树的象征。足田辉一曾指出:不妨将伊势神宫的"心之柱"以及诹访大神的"柱"视为一种宇宙树。[2]

应该说日本神话中的柱子是世界树的原型,因而也有在世界树下结婚的传说。因为在日本神话中,是将日本岛"比拟成天之柱",而实际上什么也没有。什么也没有,其实也能结婚。但人们不肯那样做。于是便有了围绕世界树念诵,举行神圣的仪式,然后才可以结婚的说法。

之所以那么需要世界树,是因为世界树是生命之树。

而且,既然世界树位于世界的中心,那么世界的根源当然就是生命的根源。

---

[1]　弗雷泽著,永桥卓介译:《金枝篇》第一卷,岩波文库,1951 年,158 页。
[2]　足田辉一:《树的文化志》,朝日新闻社,1985 年,489 页。

三、智慧之树

世界树不仅是生命的源泉,而且还是智慧之树。

在前文中提及过的见于北欧《冰洲诗集》中的宇宙树有三条根,据说那分别与阿萨神、巨人族以及死人国相连。而那些世界又分别有阿萨神、巨人族、死人国的泉水,泉水与上述世界树一样是生命的源泉。在巨人族的泉水中,蕴藏着所有智慧与知识。泉水的主人是巨人,他比任何人都博学,因为他每天都喝那里的泉水。[①]

从这种传说中可以看出,世界树吸收着智慧的养分。《冰洲诗集》中有这样的内容:

> 从树下的海中来了三个博学女子,分别叫做乌尔兹、维尔赞迪、斯库尔德。他们在木片上刻写了什么。他们三个女子决定着孩子们的命运和人生,并告知他们。[②]

在前文中曾提及乌尔兹是织女,因此具有命运性意义;维尔赞迪是创造者,斯库尔德是税、债务的意思。也就是说,树木下的大海使人类觉醒,世界树又是智慧之树。其最初的智慧是认识人类的命运。这与在日本神话中神与花神结婚,因而认识人类的宿命这样的故事(记纪神话)也是相通的。

另外,说是名为奥丁的神把自己在宇宙树上吊了 9 天,理解了古日耳曼文字。世界树是"奥丁之马"的意思,说明那正是可以托付奥丁之身的树,那种树还能给人带来读解文字的智慧。

荣格派心理学家 M＝L. 冯·弗朗茨指出:吊在树上是基督教中把基督钉在十字架上这种形式的原型。[③] 据弗朗茨称,古代日耳曼人将人吊在树上,用来祭祀沃坦。沃坦自己在"世界树榉树上"吊了 9 天,理解了日耳曼文字。那便是基督被钉在十字架上的

[①]　前引谷口幸男《冰洲诗集与北欧传说——北欧古典导读》,29 页。

[②]　前引谷口幸男译《冰洲诗集——古代北欧歌谣集》,11 页。

[③]　M＝L. 弗朗茨著,氏原宽译:《童话故事中的影子》,人文书院,1981 年,63 页。

原型。

沃坦是发烧者的意思。发烧常常表示极限状态,在此大概是指与智慧相遇时神情恍惚的情形。另外,沃坦他自己要求吊在树上牺牲。将自己吊在树上,那大概是将牺牲神圣化。因此,基督被钉在十字架上,被神圣化了。

说起这种基督教与日耳曼人信仰相互渗透的话题,或许可知在前文中提及的《创世纪》中的智慧之树与生命之树原来是同一株树,后来根据不同的作用分成了两株。说来,有两株世界树有些说不通。亚当和夏娃吃了禁果,获得了性的智慧,这说明那是生命之树。

伊奘诺尊与伊奘冉尊这两个神也是围绕天柱考虑性的问题,并将之用语言表达出来,变得能够生育。可以说其构思与伊甸园的两神完全相同,因为那都是以世界树为原型。

另外,众所周知,印度的释迦是在菩提树下达到彻悟这种大智的状态。据三藏玄奘的《大唐西域记》记载,布德嘎亚那里是乐园,菩提树以前有数百尺高。那讲述的大概也是拥有智慧的世界树。

不过,还有另一种世界树蒲桃树,却找不到直接显示智慧的内容。但是,辻直四郎就见于《吠陀》中的"神酒之歌"中的蒲桃,认为"众神,特别是因陀罗喜爱蒲桃,苏玛可以增大他们的威力,也可以使人获得灵感。"[1]

虽然不能吊在蒲桃树上,但那与奥丁的宇宙树的结果一样。从蒲桃的语源来看,似乎与拜火教的圣典《阿维斯陀》中的哈欧玛的相同。而且,据说蒲桃是老鹰从天界带到地上来的。

印度等国存在这样一种倾向,但遗憾的是我找不到显示中国有这一巨树的文献。

但是,关于西方的登葆山,袁珂指出"巫师由此上下往来,下宣神旨,上达民情",[2]那具有启发意义。总之,如果是世界树,就能通往天上的神界,给人带来智慧。

《冰洲诗集》等获得智慧多是通过灵感,而世界树像是得到了

---

① 森丰:《树木、生命、信仰》,六兴出版,1975 年,139 页。

② 前引袁珂《中国古代神话》,69~70 页。

神托。

这样一来，下面的问题就比较容易理解了。如前所述，日本的巨树传说强调将太阳光遮掩起来。那是对巨树进行赞美，但其实也是在添乱。

《卡勒瓦拉》明确提出了这一点。老瓦伊那摩伊内到处寻找能把这棵大树砍倒的英雄。

> 现在，人们生活凄惨，
> 游动的鱼儿带着阴森之气，
> 天空没有阳光，
> 月亮也黯然无色。

一个英雄将巨树砍倒，大地充满欢乐：

> 太阳又辉煌照耀，
> 月亮重现光辉，
> 乌云四散，
> 空中架起彩虹。

也就是说，巨树属于神的那一方，就在人文中追求便利的一方来说，希望他在某一天消失。取代神所授予的智慧，人类作为智者消除神所授予的智慧，那样的时候会到来。原本是智慧之树的世界树毋宁说正因为那是灵感之智，所以要被开明之智所取代。换言之，世界树给我们提供了用开明之智取代灵感之智的道路。也就是说，世界树是检验人类智慧之树。

这样一来，"仁德纪"中讲述巨树被砍伐，"景行记"讲述"在未僵之先"的缘由一下子就明白了。巨树是世界树，因此必将遭遇砍倒这样一种智慧。

需要反复指出的是，树木本身并非没有智慧。据称在《卡勒瓦拉》中，被砍倒的树枝给采摘或者拥有它的人们带来了"永远的繁荣"以及"变通自在的魔法""永远的爱"。可以说，通过将那些东西分散到另外一些力量中，使智慧转向开明社会。

在日本传说中也是一样,仁德纪中的巨树被用来建造"捷行船"。正因为该船具有世界树的力量,所以行驶速度快,但树本身被视为一种包袱,只有转化为船的力量才有用。

据称那种船是用来搬运"寒泉"的。这个传说体现了世界树与泉水的关系。

而且,世界树不仅用来造船,还能用来制琴。制作出来的是"音闻七里"的名器。讲述树木与乐器之关系的传说很多。

匈牙利就有这样一个传说:一个放羊娃吹着用槭树制成的笛子,女王为笛音所倾倒。女王后来遭到杀害,被埋葬在槭树下。过了三天,放羊娃发现槭树上长出了新枝。放羊娃用新枝制成笛子,笛子吹出的是女王的声音。①

对此,斯金纳也指出:"几千年来,人们倾听松树美妙的声音。松树是风之女神,那显示了万有之神潘(pan)这样一种信仰。"②潘是吹笛的牧羊神。即便在这里也可以看出树木与乐器的关系。

此外,巨树高高耸立,发出音乐般美妙的声音。"仁德纪"中的传说讲述了这样的内容,那显示了力量的转化。在《冰洲诗集》中,有"参天之尊树下,隐藏着海姆达尔的角笛"③这样的内容。宇宙树具有角笛之力。

这样看来,中国的建木中或许有同样的故事,我不由得这样空想起来:在有建木的都广的原野上,有一个名叫素女的女神。伏羲制瑟,作了一曲名为《驾辨》的曲子,让素女来弹奏。

伏羲爬上了作为天梯的建木。因此,如果将两者结合起来的话,建木拥有瑟的音调,可以想象素女就是瑟的弹奏者。

这或许只是空想。不过,我总觉得《万叶集》中的梧桐与世界树同属一类,那像是在向人们讲述转生为琴的故事。

大伴旅人(665~731年)用对马岛结石山的树枝制作倭琴送给朋友,并在书信中写道:"余托根于遥岛之崇峦,晾衣于九阳之休光,带长烟霞,逍遥于山川之阿,远望风波,出入雁木之间。"(卷五

① 前引斯金纳《花的神话与传说》,198 页。

② 同上书,245 页。

③ 前引谷口幸男译《冰洲诗集——古代北欧歌谣集》,11 页。

810）。

这样的场景有些空想性,让人觉得是在描写世界树。而且,这是琴变成姑娘在旅人梦中出现时说的话,至少可以确定旅人想象出了空想中的梧桐巨树,在这种行为中也强烈地意识到了树木与乐器的关系。

对照这些类似的事例可以看出,尽管仁德纪中的巨树是按照造船、搬运寒水、用树枝制琴这样的顺序来讲述的,但在实际上让人感觉那是巨树同时具有的属性。如果将其造船的情景、快速行驶的能力、浮在水面保持音乐声的姿态合在一起的话,这样的整体就是世界树的形象。

因此,虽然在这里没有明确显示智慧的项目,但如果用力量来替代的话,可以说它具有君临世界中央的强大力量。

四、欧亚的文化形成

以上对宜称作世界树的欧亚树木的整体状况进行了论述。

世界树是欧洲人使用的名称。像凯尔特人的橡树等神圣之树是处于所有事物的中心、受到神托的世界树。

但是,我没有对那进行全面介绍。我是尝试廑述"世界树"这一概念应该能运用到亚洲——包括中国、印度、日本等。

如果在整个欧亚广泛存在世界树的话,因为那是一种世界观的象征,所以可以说同一种世界观普遍存在。也就是说,以伸展为天球状的一株树为中心,普遍存在一种观点,即世界将那视为生命以及智慧的源泉。

不过,其中有各种各样的变化,例如斯金纳认为:"苏摩是东南西北四株树之一,四株树旁边都有一头巨象支撑着世界。"[1]也就是说,那表明有这样一种想法,即那些树既是世界的中心,同时也是四隅(或者八隅)的天柱。

另外,还有像昆仑山那样向西倾斜,像扶桑那样一般被认为位于东方,以及像都广之野那样偏向南方的情况。未必像今天的地

---

① 前引斯金纳《花的神话与传说》,166 页。

图那样位于中央,虽然那样看上去美观。那大概表明那些地方当时还只是地方性的中心。特别是不能将文献丰富的中国思想一元化。

在日本,上述"雄略纪"中的榉树枝有3层,中间一层的树枝覆盖"东面",下面一层覆盖"僻壤"。"东面"和"僻壤"分别构成上下层,这与我们的常识有所不同,我觉得他们或许具有那样的宇宙观。这种思想仅见于此。不过,那或许是中国古代宇宙观之一。

另外,日本对世界树的根完全没有涉及,似乎所有东西都是在地面,这一点上也与欧洲不同。作为"根之国"的日本,日本人拥有"根"这一根源性概念,因此应该说那显然是难以知晓的。我们知道"根之坚洲国"既是"死之国",同时又是生命根源之国这样一种想法。在《冰洲诗集》中,命运女神去世界树下的泉水边,来决定出生下来的孩子的命运,[①]因此其性质与日本人的"根之国"是相同的。

人们往往认为"根之国"是海上等他界,或许那本来就是指地下。

在中国,也有土地处于天球内部,[②]以及地下有八柱(《河图括地象》)以及"天圆地方"这样的说法,宇宙构造是一个饶有趣味的问题。

包括这些在内的欧亚大陆的天地思维怎样,又是怎样形成的,我认为有必要阐明欧亚大陆文化形成的样态。

以上这些现象究竟是文化交流传播的结果,还是偶然的一致呢？在思考日中文化交流时,有必要兼顾古代欧洲文化的流入,或者中国文化对古代欧洲的影响,而且我认为这个问题极富学术挑战性。

五、丰饶的大地

接下来想谈一谈支撑天上的世界树的大地。

---

① 前引谷口幸男《冰洲诗集与北欧传说——北欧古代导读》,29 页。
② 前引森三树三郎《中国古代神话》,167 页。

《冰洲诗集》中的主神被称为奥丁，他为了能喝上由密弥尔所管辖的泉水，将一只眼睛让给了密弥尔。

密弥尔是智者，相当于日本神话中的思谦神。天界发生什么事情，八百万神就会来找思谦神给他们出主意，来解决问题。

与那一样，密弥尔对于奥丁来说，也是不可缺少的智者。当奥丁吊在树上圣化并变年轻时（那常常与基督被钉在十字架上进行比较），密弥尔让给奥丁喝蜂蜜水，使他复活。

奥丁圣化的一大条件是解读古日耳曼文字。因此，密弥尔主要是给奥丁提供智慧上的帮助。据称不论是谁，只要喝一口泉水，就能变成诗人或者贤者。

同样，密弥尔的泉水是智慧的源泉，奥丁渴望智慧，因此想喝密弥尔的泉水。奥丁喝过泉水之后，就变聪明了。

那么，为什么为了变聪明要付出一只眼睛的代价呢？在这里，变聪明对于奥丁来说，意味着力量增大。

奥丁原本只是暴风雨之神。奥丁在日耳曼语中是粗暴的意思（常常用德语中的 wüten 这个词来说明）。这种神本来是力量之神。那些相当于日本神话中的素戈呜尊。

素戈呜尊设圈套杀死八俣大蛇，娶妻作歌庆祝，那些都需要智慧，要会做诗。同样道理，奥丁为了形成更加强大的神格，也需要智慧。

因此，他需要喝密弥尔的泉水。也就是说，奥丁在喝了泉水以后，兼具暴风雨的力量和泉水的智慧。换言之，也兼具水神密弥尔的神力。

的确，奥丁的力量变强大，进一步提高了他作为绝对者的神格。

在那个时候，他不得不失去一只眼睛。

更准确地说，那意味着绝对神力的拥有者如果不是独眼，就与他的逻辑不相符合。拥有正常身体的不是神。不具备某种超越的能力，也成不了神。

这种事情其实很常见。据称中国的老子在娘肚子里待了很久，基督、圣德太子也都是在马厩里出生的。

在日本的神话中，被称为久延毗古（脚有残疾的男子之义）的稻草人"虽足不能行,然尽知天下事"(《古事记》上卷)便是一个事例。特别是智者只有一条腿,那有很深的意思。顺便提一下,与久延毘古一体的是蟾蜍。

眼睛也是一样,柳田国男考证锻冶之神是"独眼龙",在这里也避免了完整的形态。

另外,我想是否能将土偶与此联系起来考虑呢?众所周知,出土的土偶绝对没有完整的,一定有缺损。毋宁说损坏完整的身体,土偶的咒力才得以发挥。

通过这些事例可以看出,奥丁也不例外,因为有奇异的外形,因而被视为神。现在,可以将妖怪、怪物视为零落的神,他们要么独眼,要么三只眼,或者脖子长、缺胳膊少腿。总之,是形态怪异者,也正因为如此才令人恐惧。

因此,如果将具有超凡能力、令人尊崇、令人恐惧的存在称为神的话,那么神宿于有别于通常人的形体之中,而神话所讲述的神只不过是从那里整理出来的主人公而已。

将那种存在视为神,对神表示虔诚,那对古代人来说是理所当然的事情。毋宁说,塑造那种形象,并从那里发现超越者的比喻这样的做法,使他们的生活变得更加踏实了。祈求神灵的保佑,那是顺应自然生活在大地上的人们希求安宁生活的习俗。

我们可以将他们的那些行为称为信仰,进一步被制度化的东西则可以称为宗教。在这里,不是以形式,而是以精神为主,因此可以说充满祈祷的大地是支撑人类起源的主要舞台。

但是,后来人们将独眼以及一只脚那样的存在视为不完全的东西。如果以为通常的身体有价值,而对与之相反的身体则作为不完全的东西一味地进行贬斥的话,宿于其中的众神也会销声匿迹。在某种人类主义中,当标准发生逆转,甚至连那种逆转都意识不到的时候,我们会嘲笑神。

当然,由于没有神人类无法生存,因此人们便将近代科学神化并以此来生存。人们对暴风雨之神以及水神十分信赖。与之相比,这种科学之神显得苍白无力,十分寒碜。

作为雄辩地证明这个过程的材料,我曾介绍过下面这个寓言故事。[1]

在现在的安卡拉附近,弗里吉亚的国王格尔迪阿斯曾把车献给神,并用复杂的绳结将车固定。他预言:能把这个绳结解开的人将会成为全亚洲之王。

亚历山大王来到这里,用剑一下子将绳结砍开了。

如果用手来解绳结的话,不容易解开,因为绳子一直连接着。但如果是现实中的绳结的话,不可能永远解不开。解不开只不过是一种信念。

但谁都不能保证没有人用暴力来砍断。但正如智慧圈有一个前提,那就是要开动脑筋来解开。不介入武力,而是通过祈祷,这种方式才能成立。

但是,祈祷被无理、残暴践踏了。比起用智慧来解开,使用暴力要合理得多。

在弗里吉亚,已经有讲述信仰与合理精神的寓言故事。在这种暴力的延长线上,出现了现代的科学主义。

不过,在那之后,丰饶的祈祷世界并没有完全消失。

在今天依然可以看到保持这种怪异信仰的祭祀。也就是说,那是把神圣领域当孩子看待。

说来,在世界上不少信仰中,神都是以孩童之貌出现。日本也有桃太郎,他是从河里飘来的桃子中生出来的;而辉夜姬则是从竹子里长出来的。在神话中,少彦名命似乎是以飞蛾现身,身体极小,好像会从父亲的手指缝里掉下。

神以孩童貌出现,其意义不可小觑。童颜神大概由来于将儿童视为神圣存在的观念。

关于这个问题有许多论述。在此让我们介绍一下田尻阳一的精辟报告。[2]

田尻对春日大社若宫的祭祀进行研究,注意到在那里出现的儿童是兴福寺作为"神之替身"派去的幼儿。其中一个马长儿在兴

---

① 中西进:《基督教与大国王》,文艺春秋,1994 年。
② 田尻阳一:《祭祀与艺能的传承》,日本比较文学会研究报告(京都),1993 年 1 月 16 日。

世界树与大地　145

福寺的赤童子画像前"继位"。赤童子是雷神，是春日若宫的佛教化身。

说来，据说若宫所祭祀的比卖神的神体是蛇。据说，在 1003 年，五寸左右的蛇在神殿中消失了，那被视为若宫的起源。

因此，马长儿戴的斗笠上有波浪和龙的图案。

另外，除了若宫祭以外，田尻还对半田市的彩车祭（住吉大社）进行了调查，指出在出现幼儿这一点上两者之间有共同之处。

在调查报告中，田尻借助克勒尼（Kerenyi，Karl）的《神话入门》，介绍了显示开天辟地的儿童神，以及经历幼儿灌顶仪式之后神圣的幼儿转变为观音的观念。[1]

从田尻的这些研究成果也可以看出，神宿于神圣幼儿的形体之中这种信仰一直持续至今。那么，为什么神会寓于幼儿身上呢？

在将成人视为通常情形时，年少者的身体尚未成熟，其精神也远离世俗。因此见于上述怪异者身体的非通常性开辟了神圣的幼儿领域。

再举一个通俗的例子。陶瓷器上常常画有穿中国服装的孩子。要而言之，孩子是异邦人，在他们身上能感受到异常以及神秘感，因而这种图案一直受到人们的喜爱。

中国古代就有"童谣"。人们认为孩子自然的歌曲能对政治进行最恰当的批判。这也表明孩子是居住在神圣领域的人。

日本在接受童谣这个概念时，使之与"waza uta"这一日语词相对应。那是针砭时事、预兆动乱的意思。总之，其中包含受神之托的心情。

这样来对待孩子，说明那作为古代怪异者的神的意思还没有消失。

古时候，把上年纪说成"成仙"（《万叶集》）。上了年纪，恋爱也谈不成了。也就是说，与年富力强的壮年期相比，老年人犹如即将落山的夕阳。

因此，老人与孩子被等同对待也是顺理成章的事。老翁常常

① 田尻阳一:《日本祭祀中的神圣的儿童》,中世学会研究报告（西密西根大学）,1994 年 5 月 16 日。

是神的化身。例如,在谣曲《白乐天》中,海岸的老翁其实是住吉之神。

另一方面,老妪也具有神的特性。老妪比起老翁更加粗暴,还有心理纠葛,似乎还没有完全摆脱尘缘。

例如,山妪是居住在山里的怪异者,与其说是神,不如说更接近鬼。粗暴,有时也有仁慈之心。山妪大概也是神的同类。

这样看来,将孩子、老人与壮年者区分开来,并从那里找出与人类相对应的特征,可以说那继承了对古代怪异者的看法。

因此,人类一直观察的肉体与精神有紧密的关系,怪异、不成熟的肉体,以及衰老残缺的肉体具有强烈的比喻性。

更准确地说,比喻是现代的说法。在古代,肉体是神的直接显现。因此人们对之表示敬仰、恐惧。

其中一端通过祭祀这种无意识的形式流传至今。但如果将与精神性融为一体的肉体仅仅合理地视为物质性事物的话,由祈祷所保证的古代内心世界就会显得十分干瘪。获得合理主义这种智慧,换来精神上的贫困,在这样的过程中很难感受到幸福。

奥丁与爱之女神弗丽嘉(Frigg)结合生了一个名叫巴尔德尔(Baldr)的儿子。他是名副其实的光之神。《冰洲诗集》中说:"我看到了由奥丁之子即染得通红的神灵巴尔德尔所决定的命运。"

巴尔德尔就是如此美丽的光之神。虽然他是男性,但与日本神话中的天照大神相当。由此可知,太阳女神不仅对于我们日本人,对于日耳曼人也是最为重要的。

何止日耳曼人,将阳光视为万物之源的观念普遍存在。有名的《旧约圣书》的开头有这样的内容:

> 起初神创造天地。地是空虚混沌。渊面黑暗。神的灵运行在水面上。神说,要有光,就有了光。神看光是好的,就把光暗分开了。神称光为昼,称暗为夜。

特别是《冰洲诗集》中关于"月亮之友太阳从南面把他的右手搁在天边。"这里描写的是在极北之地看到的太阳。太阳朝地平线落下,但它并不会消失,沿着天边从左至右滑行,然后又重新升起。

那被视为太阳在苦苦探寻自己的归路。

北方的日耳曼人所看到的太阳似乎就是那样。上面引用的句子在表达上非常优美。北方日头短，阳光对于那里的人来说，尤为宝贵。

但在《冰洲诗集》中，巴尔德尔经历了以下命运：

一直过着幸福生活的巴尔德尔几曾何时开始被噩梦以及不祥之兆所苦，他到处向人们诉说，母亲弗丽嘉则四处托人守护巴尔德尔的安全。

然而，恶神洛基（Loki）看到这种情形，决定杀害巴尔德尔。洛基一个人取来了雅德利基的首级，他没有承诺保护巴尔德尔。洛基让眼睛失明的弟弟赫把茨雅德利基的首级扔向巴尔德尔，使巴尔德尔丧生。

这个故事还有后续。弗丽嘉派赫尔摩德（Mermodr）去死之国将巴尔德尔带回来，但死之国的女神赫尔（Hel）说：如果所有人都为巴尔德尔的死悲伤哭泣的话，就放他走。

但是，因为有一个人没有哭（其实就是洛基变成的女子），巴尔德尔未能复苏。

光之神被视为太阳的化身。这个故事显示了太阳遭邪恶者杀害。日本神话中的天照大神也十分善良，而素戈鸣尊则粗暴，因此天照大神藏身岩户。这两个故事十分相似。

这里的恶神洛基是什么神呢？关于这一点有几种说法。他好像是火神，据说也有终结的意思。火与太阳一样能够发出光辉，也是太阳的替代品。在光与火的斗争中，火杀害光，这一点很有意思。

虽然火与光有共通之处，但火凶暴。古代人就知道火与光在这一点上的差异。在日本神话中，火神烧死母神，将母神驱赶到死亡之国。

试图从死亡之国生还但无法实现，这在伊弉诺尊神话中也是共通的，希腊的俄尔甫斯神话也是如此。

在那里，洛基起到了终结的作用。光并不是永远的。

而且，世界末日降临。巨人蜂拥而至，最后是奥丁被狼咬死。他儿子维扎尔为他报了这个仇，最终世界因为巨人斯尔特（Surtr）

而陷入火海,大地沉入海中。

斯尔特就是火焰之神。他用超出洛基的邪恶力量将众神引向黄昏。

然而,维扎尔是森林。森林是众神的伙伴,能为奥丁报仇。换言之,森林、闪耀的太阳、智慧以及爱让奥丁、弗丽嘉以及巴尔德尔他们安息。

由这些概念构成的世界,恐怕才是古代的精神丰富的生活,才是在前文言及过的充满祈祷、虔诚信仰众神的世界。

但是,火焰破坏了他们的世界。其结果是所有东西都被关闭在死之国,并由此走向终结。

赫尔(Hel)是隐藏的意思,那是地下的死的世界。根据谷口幸男的解释,那里是潮湿、阴冷、雾气弥漫的地方。

古代日耳曼人已经将这种黑暗世界纳入视野之中。但日耳曼的神话让阳光复活,让巴尔德尔复苏。他们曾生活在相信阳光的世界。

如今,现代文明砍伐了森林,凭借火焰改变了世界的面貌。此外,人们又让终结之神洛基复活了。现代的地球似乎充满阳光,但不可否认,还有阴暗的一面。我们应该尝试让富饶的大地复活。

王妃与马的交媾——养蚕的起源

一

柳田国男在其名著《远野物语》中讲述了蚕神的故事,这一点广为人知。

据柳田国男介绍,①以前有个农家姑娘爱上了马,最终与之结为夫妻。她父亲知道后,悄悄地把马牵出去,吊在桑树上杀死了。女儿把脸贴在马脖子上伤心地哭泣。他父亲越发生气,用斧子把马首砍了下来。结果是女儿乘着马脖子升天而去。柳田说:蚕神就是这个时候出现的神。人们在吊马的桑树枝上刻了蚕神像。

当然,这种蚕神并非只存在于远野地区。据《民俗学词典》②以及其他资料介绍,在桑树等上面画上男女、马头之类的头像,给他们穿上被称为"洗濯"的衣服,巫女一边念祭文一边摆弄一对木片。

柳田通过远野的传说介绍了蚕神的由来。

那么,蚕神信仰的真实面貌如何,又秘藏了怎样的心理构造呢?

给蚕神画脸,穿上"洗濯",是在中世纪的一种变形,那原本由来于"祭神驱邪幡"以及玉串,这样来推测应该比较合适。蚕神原

---

① 柳田国男:《定本柳田国男集》,筑摩书房,1963 年,30～31 页。另外,柳田在《大白神考》(《全集》第 12 卷,269 页起)中对蚕神做了详尽的论述。

② 柳田国男主编:《民俗学词典》,东京堂,1951 年,77 页。

本是表象,不妨称之为"祝棒之神"。

另外,考虑到那原本是巫女的采摘物,因此桑木片代表桑树,认为人们曾在桑树下举行祭神活动这种一般性见解也可以理解。桑树在日本、中国古老的传说中是作为巨木即世界树之一种出现,那是神圣的树木。

然而,如何把以桑木为表象的神和女子与马交媾并乘马升天而去的故事联系起来呢?至少《远野物语》没有给出任何答案。

不过,在其他文献中能发现弥补《远野物语》的内容。中国晋朝干宝的《搜神记》(20卷本)中也有女子与马相恋的故事(卷14)。故事是这样的:

某大官留下女儿去远征。女儿十分想念父亲,对马说:你要是把父亲带回来,我就嫁给你。

马把女子的父亲带回来了,见到女子欣喜万分。但那女子不遵守诺言,马气得发抖。父亲听说了原委之后,立刻把马杀死,剥下马皮在院子里晾晒。女儿嘲笑马皮说:你这畜生居然也想娶我。马皮一下子把女子卷起,升天而去。

到此为止,故事与《远野物语》是一样的。几天之后,桑树上出现了化为蚕的女子和马,口里吐着蚕丝。因为蚕丝非常好,人们争相种植与之相同的树,开始养蚕。据说"桑"这种树名也是从那个时候才开始有的。桑是"丧"的意思。

故事后半部分对于将蚕神与桑联系起来是不可或缺的。也就是说,估计远野蚕神的故事与《搜神记》中的故事相同。

但很难想象远野的传说是依据《搜神记》这本书创作的。《搜神记》是一部民间故事集,估计关于马与女子的传说在大陆广为流传。

《搜神记》中的这个故事在《法苑珠林》[1]中也出现了,而且内容是一样的。另外,张俨的《太古蚕马记》中也有同样的内容。

估计那原本是讲述养蚕起源的民间故事。蚕的头部与马相似,因此将马想象为蚕的前身,形成了与之相关的神秘异类结婚故事。

---

[1]　《法苑珠林》四部丛刊本,商务印书馆,1936年,958页。

在《搜神记》中,这个故事前后都是异类结婚故事。前一个是说男人和蛇结婚,后面四个是关于羽衣的传说,后面第五个是说女人变成乌龟,再后面则是甲鱼与人的故事。现在说的这个马与女子结婚的养蚕故事也是关于动物起源的故事。不妨认为,被《搜神记》采录的那种口头传说传播到了远野。

养蚕这种高级技术恐怕是由秦姓一族带到日本去的。从大家所熟悉的"皇极纪"(三年七月)秦河胜讨伐祭祀常世之神的"大生部多"的故事,以及更早的《古事记》中关于仁德天皇的记载都讲述了似乎与养蚕相关的内容,估计日本很早以前就养蚕。《搜神记》特别强调桑树,说到优质的蚕丝,那大概是因为养蚕技术有了进步。关于养蚕起源的故事东渡,被日本所接受,这一点很容易理解。

关于传播这一点,下面这个故事也值得一提。

《今昔物语集》(26 卷—11)中有这样的内容:"参河国①犬头吐丝。"说参河国某男子有两个妻子,两个妻子都以养蚕为生,日子过得殷实。后来,大老婆所养的蚕都死了,丈夫不闻不问,因此大老婆生活陷入困境。

有一天,大老婆发现还有一条蚕活着,便十分谨慎地喂养。然而,那条蚕也被狗吃了。后来不知何故,从狗的两个鼻孔里冒出两根白丝,越抽越多。等抽到 4、5 千两时,好不容易才抽尽。抽完之后,狗也死了。

蚕丝雪白有光泽。丈夫十分惊讶,羞愧不已,之后再也不去小老婆那边了。

不仅如此,埋狗的地方也长出桑树,桑树上有很多蚕茧,蚕丝精美得无与伦比。

在这个故事中,马换成了狗这一点值得关注。人们已经忘记了蚕与马头相似这一故事的源头,以前故事中的马换成了狗,起到了同样的作用。

如果说埋狗的树木显灵的话,那么大家都会想起"开花爷"的

---

① 译者注:旧国名,又写成三河国,相当于今爱知县东部。

故事①吧。故事的主线已经移向另一边。

上述故事的最后,是将参河国的"犬头"蚕丝献给朝廷。《延喜式》中记载,作为调布,参河国"献犬头白丝两千绚。"在10世纪初献上"犬头白丝",估计那被用于养蚕起源的故事之中。反过来说,流传于大陆的养蚕起源故事中的马换成了狗,并以这种形式传播到了参河国。

同样道理,在远野的传说中,讲述女子与马一起消失,后面就避而不谈桑树如何长得好、蚕丝的质量如何好这些重要事情,突然就以"蚕神"结束故事,这也是一种变形。

这种变形具有重要的意义,关于这个问题将在后文中进行论述。总之,《远野物语》中的蚕神来自于上述养蚕起源的故事,那显然受到了在大陆广为流传的故事的影响。

二

那么,上述马与女子结婚的民间故事的主要内容又源于何处呢?

让人直接联想到的是天照大神与素戈鸣尊的神话,山本节曾对此问题进行过论述。③《日本书记》(神代上,第七段)中有这样的内容:"又见天照大神方织神衣,居斋服殿,则剥天斑驹,穿殿甍而投纳。"也就是说,把马扔向正在织布的天照大神。

于是,"是时天照大神惊动,以梭伤身。"

在《古事记》(上卷)中,主人公变成了"天服织女"·"不慎为梭刺冲下阴,死"。与此相同的内容在《日本书纪》中也出现了。这样看来,我们可以想象,其原型是梭子撞在天照大神的阴部。而且,这样的内容在《日本书纪》中出现三次,在《古事记》中出现一次,这个情节不可轻视。

其实,这样的故事早就受到了人们的关注。特别是吉田敦彦

---

① 译者注:江户时代广为流传的童话,说好老头养了一条狗,狗给他带来财富、幸运。

② 译者注:古代量词,丝五两为一绚。

③ 山本节:《传承的宇宙》,溪水社,1992年。

指出:这个神话与希腊神话中的波塞顿与得墨忒耳的神话相似。这一卓解①见于吉田的几部著作中。在希腊神话中,得墨忒耳发觉波塞顿在跟踪自己,很快变成了雌马。但波塞顿将之识破,自己也变成了雄马,满足了欲望。

结果是得墨忒耳藏在岩屋中,世界充满了痛苦。应该说这两个神话很像,不过波塞顿和得墨忒耳都变成了马,而天照大神则一直是活生生的人。在《古事记》以及《日本书纪》的神话中,马闯进来,撞在天照大神的阴部,这样的结构与在上文中介绍的女子与马结婚的故事相似。素戈鸣尊只不过是挑起事端的人。应该说这个所谓天之岩户神话的前半部与养蚕起源同型。

天照大神身处斋服屋,在织锦。也就是说,是在用蚕丝编织最高级的神衣。就在这个时候,与马相遇。这就是蚕与马的故事。

而且,扔过来的是剥下的马皮。在《搜神记》《法苑珠林》《太古蚕马记》中,马都被剥皮。在《古事记》以及《日本书纪》的神话中也是如此。

当然,梭子撞在阴部只是一种象征,实际上是与马交媾。就算这与马被剥皮在时间上有出入,马的命运也不会因此而改变。而且,如果将躲藏在岩户视为一种模拟死的话,那女子与马交媾之后死去,尸体被留下来的马皮裹着升天,这样来讲述也很容易为人所接受。

日本神话中没有讲述女子被马皮裹着升天,但那种可能性并非完全没有。

这让我想到印度神话中流传的萨伽拉的马祭。下面根据上村胜彦的精湛概括②来介绍一下其内容。马祭"是以马为牺牲兽的仪式,是为了显示国王的绝对威力而举行的国家祭典。"《吠陀》中记载,"祭典过程中主要将马屠杀、分解、烹饪"(1-162)。③

据称,身体的每个部分在每个分解阶段都被赋予意义。尽管剥皮没有在《吠陀》中出现,但想必那具有重要的意义。

---

①　参见吉田敦彦《日本神话的特色》(青土社,1985 年)112 页。

②　上村胜彦:《印度神话》,东京书籍,1981 年,83 页起。

③　辻直四郎:《吠陀赞歌》,岩波书店,1970 年,253 页。

日本文化的构造

此外,还有"将牺牲马神化"等内容(1-163)。在那之后几个世纪的《奥义书》(5-7-25)等中,祭典变得具有宇宙论的意义了。

因此,在仪式权威化之后,会让马走上一年,再牵回来杀死,第一王妃要与马尸共寝。

这正是王妃与马的模拟交媾。据称之后马被肢解、瓜分。因为每个部分都象征着宇宙的各种要素,为了拥有整个宇宙,交媾是必要的。

特别是在这个时候,在祭官盖着的布下面交媾,那会带来丰收。

我想,《搜神记》以及《太古蚕马论》中被马皮裹着升天,是这种祭典中的布的通俗化。更准确地说,应该是一开始剥掉马的皮,再在马皮下交媾才对。

总之,在天之岩户神话中出现的剥皮的故事,肯定是作为一个最为重要的因素添加到祭典中了。

在这里特别强调说是"斑驹",如果按照《吠陀》的说法来说,那是属于众神的马,有别于属于因陀罗的栗毛马以及属于阿湿波双神的驴马,这样来强调是有意义的。

这样一来,不妨认为素戈鸣尊的天之斑驹事件是耄于重要祭典形成的神话。

但是,这种阿湿波祭是印度的祭典。那么,日本神话是不是也是根据这一印度祭典创作出来的呢?

在凯尔特,名叫厄帕娜的女神颇为有名。据 T. G. E. 鲍威尔称,马在男性神中并没有起到显著的作用,毋宁说象征马的事情与女神联系在一起,厄帕娜就是有雌马跟随的女神。在高卢罗马(罗马化的高卢人)的祭坛上,描绘有无数的厄帕娜。①

按照凯尔特的逻辑,与雄马同衾的王妃就处于雌马的立场。在象征雌马这一点上,可以说两者有共同之处。

而且,鲍威尔指出:"这种雌马是典型的凯尔特人的女神。凯尔特人骑马,与初期的欧亚联系在一起。这种雌马的出现,显示了

---

① T. G. E. 鲍威尔著,笹田公明译:《凯尔特人的世界》,东京书籍,1990 年,83页。

凯尔特人共通的传统。"

确实，只有以整个欧亚为背景，才能理解这种尊敬马的观念。而如果只限于高卢罗马的话，则难以想象。

另外，跟随着厄帕娜的并不一定就是雌马。在某个浮雕①中，有三匹马跟随她，很难把那些马都视为雌马。

进而言之，如果将刻在英格兰陡坡上的白马——估计那是公元前1世纪比利时人定居者的作品——视为马女神的原型的话，那么厄帕娜就是马女神。

麦克阿那说：有人认为"里费安讷就是厄帕娜"。估计里费安讷的名字取自林伽娜，即"伟大、神圣的女王"的意思。

也就是说，厄帕娜是近乎最高神的女神。而且，在德国的浮雕中她右手拿着某种水果，因此还是丰收之神。

这种丰收之神和与王妃共寝的思想是一样的。像这样，在凯尔特，马与女神紧密相关，被赋予最高神圣的性质，而且人们向马祈求丰收。

这种信仰在欧亚世界有着广阔的背景，在前文中已经介绍了这一观点。据称在阿尔泰山地区以及西伯利亚等地，把马用作牺牲兽，将马的头盖骨以及皮吊在柱子上。②

据F.吉兰称，这些地区的人相信自己是生活在拥有灵魂的动植物等万象环绕之中，因此要给热情的精灵献上礼物。

他们把马献给具有灵魂的万象，那说明对他们来说，马在生活中十分重要。这种信仰分布在阿尔泰山的山岳地带以及西伯利亚，这十分容易理解。

遗憾的是，目前在其他地区还没有发现像萨伽拉的马祭。但是从浮雕来推测，凯尔特的女神与马有着紧密的联系，从在阿尔泰、西伯利亚将马用作牺牲兽来看，那里存在类似性并非不可思议。

特别是在祈祷丰收这一点上，马有着粗大的性器，是最适合的

① 朗格罗·帕克著，松田幸雄译：《澳大利亚的传奇故事》，青土社，1991年，276～277页。

② F.费利克斯·吉兰编，小海永二译：《俄国神话》，青土社，1983年，180页。

动物。

这样看来,在日本神话中,扔斑驹这样的故事并不是孤立的。很显然,古代印度的神话中有与那极其类似的故事。而且,相关的并不限于这两者,那反映了在广阔的欧亚,整个古代都存在将马用作牺牲兽的祭典,我们应该这样来考虑。

想必《搜神记》中的故事以极其朴素的形式反映了马与女子的祭典。

三

但是,天之岩户的神话与马祭的根本差异在于在后者中没有出现蚕。在日本神话中,王妃与马的交媾成为重要主题,与此同时还拥有纺织(在那之前,是养蚕)的主题,这一点不可忽略。

那么,养蚕和纺织的故事是不是日本神话所特有的呢?

很显然,王妃是以养蚕为业。保存在正仓院的玉帛在《万叶集》(卷 20—4493)中曾出现过。那是王妃生第一胎时由天皇赐予的,这一点广为人知。不用说,那源自中国。而且,这一点在《搜神记》中也有记载。据称,根据汉代的礼制,皇后亲自采摘桑叶祭祀蚕神。《后汉书》(志第四,礼仪上)中也有"皇后帅公卿诸侯夫人蚕"的记载。

由此看来,日本神话很有人文色彩,甚至采纳了《后汉书》礼仪志中的思想。与其说天照大神是神话中的女神,不如说她是太古君主的典范。

那么,马、蚕在《搜神记》中同时出现,其中的故事是否在达到宫中礼仪的程度以后才成型的呢?

当然,那种可能性几乎为零,其民俗性应该更浓厚一些。

其实,《日本书纪》中就有与养蚕起源相关的传说(神代上,第五段一书第十一)。保食神是食物之神,在该神死去时,从身体的各部分长出各种各样的东西。而且那些与朝鲜语是对应的。例如:

头→马,眼→稗,腹→稻,女阴→小豆

除此以外,还有头上生牛,眉间生蚕,阴部长麦子等。在神话中，接下来是这样展开的：见此情形，天照大神十分开心，将栗、稗、麦、豆种在地里，另外学会了将蚕放入口中抽丝。"由此始有养蚕之道"。

那里汇聚了大地生产范围内的所有东西，当时生活在大地上的人的姿态就这样如实地浮现出来了。

不论是《搜神记》，还是《法苑珠林》，这些都是形成民间传说之框架的书籍，我们不能无视与之等同的大地性。

在前文中曾经指出过蚕与马相似。的确，在马裹着女子形成了蚕这样的故事中，有这种形态的类似和联想是顺理成章的。但是，农耕马和养蚕这两种实体存在于生活之中，因此才有可能成为故事的主人公。我认为应该这样来考虑。

《今昔物语集》中的故事就是最好的证据。作为参河国的民间故事，马不太相称。因此，在生活中自然而然就换成了另外的动物。结果，取而代之的是生活中常见的狗。

在那里，蚕神的故事圈也表明马以及蚕富于生活色彩。女子与马交媾祈求丰收的祭典也因此富有了生活气息，在养蚕主要由女性承当的地区，人们祭祀蚕神，也传承着像《远野物语》那样的蚕神故事。

但是，这么说的话，或许有人会提出质疑：蚕神真的与蚕有关吗？

梅原猛就提出过这样的见解。[1] 更准确地说，在他之前柳田国男提出过同样的见解。梅原指出："这个可怜的女子与马相恋的故事是后来编出来的。"而且是很久以后的事情。毋宁说女子与马悲惨的恋爱故事见于"蚕神祭文"之中，[2]估计是受到了《搜神记》的影响。该故事发生在尾张[3]，那与《今昔物语集》中的内容一致。

的确，《远野物语》只讲述了女子与马的故事，而没有讲述关键

---

① 梅原猛：《新版日本的深层：探寻绳文虾夷文化》，佼成出版社，1985 年，88 页起。另外，梅原在《日本冒险》第 1 卷（角川书店，1988 年）179 页起对这个问题进行过论述。

② 折口信夫认为 oshira 的祭文援引自中国晋唐小说《马头娘》之中，参见折口信夫《日本文学研究法序说》（《折口信夫全集》第 7 卷，中央公论社，1955 年，486 页）。

③ 译者注：旧国名，相当于今爱知县西半部。

的蚕是怎样出现的。蚕神有些唐突地说："乃此时所成之神也。"我有点想将悲伤的恋爱故事与蚕神分离开来。

但仔细阅读便会发现，那是"此时"出现的神。说在"吊马之桑枝上作其神像"，那绝对不是没有交代。如果补充上述情节的话，这个脉络会十分明显地凸现出来。

不仅如此，如上所述，马与蚕、马与女子、女子与蚕有着十分紧密的关联。那贯穿了从民俗的层面到国家最高礼仪的层面，相互重叠。

另一方面，在蚕神与蚕无关的情况下，《搜神记》采用"蚕神祭文"的理由又是什么呢？《今昔物语集》表明那不是随便采用，这一点已经指出过了。

我还是觉得《远野物语》中本来有与《搜神记》《法苑珠林》相等同的传承。不妨认为蚕的那一部分可能是遗漏了。

话虽如此，现在巫女摆弄的蚕神那种形状的东西，不论是在《搜神记》，还是在《法苑珠林》中都没有出现，这是不可动摇的事实，是最为重要的事情。

因此，虽然承认女子与马的传说传播到了远野，依然要求我们将之与这种棒状的神体区分开来。蚕神穿上"洗濯"，是中世纪以后的变形，应该认为"原本是出现在祭神驱邪幡以及三串中的东西"（《民俗学辞典》）。

现在，蚕神有的甚至不用木头，而用竹子来做。另外，有的也不画画。这毋宁是其本来面目。

本来，神体是一根棍子。估计那后来才成为蚕神的神体。那时的传说也一起承载着。

那么，一根棍子的蚕神是什么呢？

一般认为 oshira 是蚕的异名。如果这个名字是本来的名称，那么原本与蚕没有关系，因此这种说法不能成立。柳田国男认为在冲绳，人们称产房为 shira。但是，这也太遥远了。

折口信夫按照金田一京助的说法，认为 oshira 正确的说法是

ohira，并认为那与雏偶人有关。[1] 但如果认为 shira 正确的话，这种说法也站不住脚。

在此，梅原猛的阿伊努语的说法引人关注。

梅原说主张与 oshira 完全相同的神在阿伊努叫做 siranpaka-mui，并引用巴切拉的《阿伊努英日词典》(第四版)进行了说明。

据称，shiranpa 是 shirianpa 的变形，其中 shiri 是大地的意思，an 是存在的意思，pa 表示复数。也就是存在于大地之物的意思。巴切拉将之译为"地上之树"。这与 oshira 是一根棍子就有了一定的关联。

如果人们都能将树木当守护之树来信仰的话，树木就能成为 siranpakamui。但是并非所有树都可以，只有生长在神圣土地上的树才行。

我在接触到巴切拉的介绍时，首先想到的是见于世界的生命之树。民俗学家 C. S. 伯恩对之进行过介绍。据称在西非以及太平洋诸岛，有一种与人的命运与共的树木。[2] 我想，巴切拉告诉我们阿伊努也有那样的树。

梅原另外还指出："shiru 意为土地，anpa 意为统帅。因此，shiranpa 是掌管大地的意思。……阿伊努人将深深扎根于地下、枝繁叶茂、耸立于大地的树木视为生机勃勃事物的象征。"[3]

我们不妨称这样的树为世界树、生命之树。[4] 参天耸立，拥抱地下的世界，蕴含生命之泉的大树。名叫奥丁的古代日耳曼英雄吊在这种树枝上，获得了神的生命力。那样的主题也见于日本神话中的大国主之神。

其实，我阅读《远野物语》时，就被一处吸引了。父亲为女儿的婚姻而发怒，"把马牵出去杀了"，为什么杀马时要把它吊起来呢？在《搜神记》中，是"弩射而杀之"，并没有将马吊在树上。

正因为如此，我读到《远野物语》时，马上就联想到了世界树。

---

① 折口信夫："偶人信仰的民俗化以及传说化之路"，收录于《折口信夫全集》第 3 卷，中央公论社，1955 年，347 页起。
② 中西进：《基督教与大国主》，文艺春秋，1994 年，115 页起。
③ 前引梅原猛《日本冒险》第 1 卷 184 页。
④ 同上书，108 页起。

oshira 本身只是一根木棍，但那相当于世界树。在前文中，我说过在养蚕起源传说中强烈地感受到了大地性。正是这一点将养蚕与作为世界树之一小部分的 oshira 联系起来。

另外，《远野物语》中还有"用吊马之桑树枝制作神像"这样的内容。可以说，oshira 就是马的转世。

在阿伊努的树木观中，恐怕也蕴含着这样的宇宙观。阿伊努人称之为 shiranpakamui。

这样一来，在阿伊努语以外探寻 shira 的意思就会有些困难。如果说蚕神是分布在从东北到山梨、关东地区的信仰的话，那么在阿伊努语中探寻语源大概比较妥当。

四

由此看来，所谓蚕神信仰首先是广泛分布于亚洲的关于养蚕起源的传说之一，说的是马与女子结婚，产生了蚕。作为蚕神的具体形状，使用一根神圣的木棍。那种对于神圣木棍的信仰源于阿伊努，在阿伊努语中被称作 shira。

这种马与女子结婚的另类婚姻的根本是，为了将马用作牺牲来乞求丰收，需要女性。这种传说后来升华为国家的祭典，由王妃与马交媾。

这种传说有着古老的基础。在《后汉书》中就有由皇后主持的养蚕礼仪，长期以来养蚕都是由女子来承担。在女子的管理下就给人们留下了与马交媾的余韵，即使这么说也不算新奇。

另一方面，蚕本身也被视为女性。《搜神记》中蚕神的名字叫"蕊癵妇人""寓氏公主"。在日本，蚕被称为"子""姬"（《播磨国风土记》），那是因为蚕吐丝。

所幸的是实际的蚕神信仰在日本保留下来了，那就是 oshira。

梅原阐明 oshira 信仰源自阿伊努人。人们往往是在空无之中听到洪亮的声音才会相信神的存在。阿伊努的 shiranpakamui 给那种信仰赋予了具体的形状。正如梅原指出的 oshira 与死神驱邪木牌有关一样，oshira 让人们实际感受到神的具体信息。

我的假说是：蚕神信仰大概起源于宇佐八幡。[①] 在那里。现身为枕头，另一方面 oshira 是木片。通过与这种阿伊努信仰融合，oshira 获得了完全不停留于宇佐蚕神信仰的宇宙信仰的世界。梅原阐明了这一点，他的观点十分重要。

　　不用说，这种传说到了后世，有时会有巫女参加，或者念诵"oshira 神祭文"，或者画上马鸣菩萨的画像，形式发生了一些变化。

---

①　中西进："宇佐八幡乃蚕神"，《京都新闻》1993 年 2 月 9 日。

太阳洞穴——冲绳的普遍性

一

历史给各个地区赋予了不同的个性,这一点自不待言。反过来说,追溯历史的话,人类应该都是一个样。

即便在这种个性上添加地区性,但如果没有时间积累的话,也不会产生变化。

这样想来,在这种不易与流行的框架中,日本相对避免了历史侵蚀。作为与其相反的地区,我们会想到"文明的十字路"等。因此,可以说平稳的文明在日本得以成熟。日本文明作为世界文明之一环,确确实实经历了变迁。但日本不像有些地区,一种文明还没有扎下根来,又要接受另一种文明的洗礼。

日本之所以如此,是因为亚洲文明的中心在中国,日本保持了适当的立场。

冲绳的情形也一样。冲绳尽管处于日本之中,但与中央保持着适当的距离,而且有海阻隔,因此保持了独自性。

另一方的中国对于冲绳来说也是文明的源泉,其影响也相当大。但它们之间也有海阻隔,冲绳并没有完全中国化。

冲绳的这种状态拥有强劲的文明持续力,我们不妨这样来评价。在接触到冲绳的古代歌谣《神歌》时,这种持续力让人感觉特别鲜明。因此,《神歌》所持续保有的、属于文明原初状态的人类精神没有停留在狭隘的地区持续性上,而是显示了面向世界的普遍姿态。《神歌》让现代人为之倾倒的理由之一，便是这种普遍性。

在此，想以"太阳洞穴"为出发点，就冲绳的洞穴认识及其普遍性进行思考。

二

《神歌》中"太阳洞穴"众多。比方说有这样一个例子：

> 东方的大王，
> 守护我，
> 按司陪伴，
> 大国早使，
> 巨穴之大王。

——第 13—894

> 东方之瑞岳，
> 瑞岳真强，
> 巨穴之瑞岳。

——第 13—896

像这样，人们认为太阳是从东方的洞穴中升起，以至于将"巨穴之大王"用作"东方的大王"的别称。就此而言，"巨穴"甚至让人觉得是"东方"的代名词。

其实，那样理解也可以，然而歌谣的活力总在于它对事实的唤起力。在这里，"瑞岳"自身被认为就是诞生太阳的"巨穴"。

从《神歌》可以看出"巨穴"信仰之一端，那种信仰现在依然没有消失。通过谷川健一的文章[1]对此进行介绍，我想是最合适的方法。

在文章的开头，他介绍了自己从在宫古岛下崎的万古山御岳遇见的老太太那里听来的故事。据称，万古山御岳参拜所背面海岸的洞窟被称为“太阳洞窟”，只有老妇才能进入。老妇一年喝一次水（生命之水），用海水祓斋，然后一直待在洞窟中沐浴。另外，谷川遇见的老妇还说洞窟中有伞石（阴阳石）。

谷川由此推测太阳父神和神女在那上面交媾。

他的这一推测马上让我联想到日本神话中的“鹈萱葺不合尊”神的诞生。作为海神之女的鳄鱼“丰玉比卖”紧跟丈夫“火远理命”而至，生下了鹈萱葺不合尊。现在，祭祀该神的鹈户神宫中就有一个面向大海的大洞窟，水滴不断。据称鹈萱葺不合尊是喝着这种乳汁长大的。那里的水就是生命之水。

很显然，用海水做祓斋与神的诞生相关。在日语中，在“生”这个词的基础上，形成了“新”“改”以及“洗”这些词。沐浴催生，在这一点上，宫古岛的传承与日本本土有着同样的心情。

谷川举出了与此相似的日本神话中的蛭子诞生以及中国神话中太阳沐浴的传说。咸池、甘渊便是那种地方。

谷川还说来间岛东端也有太阳的洞窟，伊良部岛的佐良滨也有“太阳御岳”，并言及了见于《神歌》中的日出、日落。

在此基础上，谷川谈到 naru、sino 这些表示太阳的词语，指出那与《神歌》中的词语有共同之处。

在此，不对这些问题进行深入探讨。不过，太阳以东方来命名，这一点在朝鲜以及蒙古也是共通的。这对“太阳洞穴”的普遍性也有所启示。

新西兰神话中也有“太阳洞穴”，这或许表明具有亚洲的广泛性。

名叫茂伊（Maui）的半神半人的英雄是波利尼西亚传说中的主人公，“他去过太阳升起的入口”，那里正是“太阳洞穴”。

不仅如此，茂伊还想去最西端的女神比奈那里去冒险，从女阴进入胎内，穿过体内从口里出来。茂伊认为如果冒险成功，便可以长生不老。

但他的冒险在途中失败，长生不老化为泡影。

日文译者井上英明在这里加上了译者注。在比奈的女阴中被杀，意味着阴道长牙（Vagina dentata）。神话中说“在女神身上，有可以进入之处，那里有黑曜石和绿石锐齿。”各地都有流传着阴道长牙的神话故事。

井上指出：据称那是因为有一种信仰，认为女性的性器是死的起源。

在日本神话中，同样是通过与女性的婚姻来讲述死的起源。就这一点而言，可以将木花开耶姬比卖的故事视为阴道长牙故事的一种。

像这样以死亡为神格的女神被视为"在日落中闪耀，横贯云层之下的冰冷山峦。"①总之，朝阳象征着生，夕阳象征着死。如果将其视为一个循环的话，那么万物是永远的。

由于茂伊冒险失败，人类长生不老的梦想破灭了。但如果将从死亡之神的口里出来视为生命之始的话，那么不妨认为此女神比奈连太阳都能吃掉，然后从口里吐出来，使之诞生。东方的"坑"（pit）或许就是比奈的口。

茂伊死去之后，被兄长们埋葬在洞穴里。

当然，茂伊并不是太阳。但这个顽皮的半神半人的英雄去钓鱼，他让我们联想到日本神话中的素戈鸣尊。在新西兰，茂伊是开天辟地之神。另外，他还欺骗太阳，使之缓慢移动。他是操控太阳的尊贵之神。他还从叫做玛菲卡的女神那里抢夺火种，使之为人类所用。他是火的创始者。从神那里抢夺火种，是世界神话的一种类型。在这一点上，茂伊与太阳以及火相关。

那样的英雄由死还生，由西向东，试图获得永生。这样的神话与以太阳为象征的神话在根本上有共通之处。

在谷川所介绍的万古山御岳的故事中，主人公是为了建岛而被派遣的父母太阳。由此可知创造神与太阳有着密不可分的联系。

在此，有必要提及谷川的题为"从冥府生还"的论文②。谷川在宫古岛发现了"与那霸势头丰见亲"从地下钻出来的墓地，该墓地被称为"迎接太阳之墓"。"与那霸势头丰见亲"的别名为"尼茨迦

---

① 安东尼·阿尔帕兹编著，井上英明译：《新西兰神话》，青土社，1997年，110页。

② 前引谷川健一《南岛文学发生论》，208～210页。

普特达"（意为去过尼茨迦的大太阳）。

也就是说，他是从那个世界返回的人，被称为大太阳，因此墓地就是与那个世界相连的通道。

茂伊未能生还，但他做到了。如果说"太阳"是尊称的话，那么问题就解决了。不过，如前所述，那是因为人们拥有认为太阳洞穴与冥界入口相距不远这种观念。生与死便是连接两者的中心概念。

在这里，有两点值得参考。一点是韩国济州岛的三姓洞穴。现在，那周围已经成了闹市，没有什么实感。但据称从被称为毛兴穴的那个洞穴里，出了良乙那（又称梁乙那）、高乙那、夫乙那三个神。

这三个始祖神分别与东海的女神结婚，之后三姓人丁兴旺。

始祖神从洞穴中出现，那和"与那霸势头丰见亲"从洞穴中生还到现世之说在根本上是相通的。与半神半人的茂伊往东去洞穴，往西入女阴一样，他们是在洞穴中探求往来于生死、昼夜两界的通道。三姓洞穴，其地形让人觉得那里就是"坑"（pit）。

除此以外，阿伊努人也相信冥界的入口。他们所想象的死后世界因地区而有所不同，有的认为在天上，有的认为在地下。但不管怎样，都把洞穴当做冥界的入口、通道。[①] 字面上没有表示冥界意思的词语出现，而只是说入口、通道，但那在整体上显示的却是通往冥界之路，我觉得这一点很有意思。

这样的入口似乎有不少，其中二风谷入口常常被人提及。据说在溪流2公里上游右岸的坡地上就有入口、通道。沙流川以及仁世宇川的河边也都有。

我曾经对这种通往冥界的通道进行过介绍，鹫鹕被称为"进入河岸洞穴中的神"，不难想象入口是河岸的洞穴，实际上白老的洞穴也是如此。

像这样，阿伊努的通道只进不出，没听说过始祖神从那里出现，或者从冥府生还时还要经过那里。阿伊努人的另一个世界与

---

① 阿伊努民族博物馆主编：《阿伊努文化基础知识》，草风社，1993年。151页中有白老地区入口的照片。

现世完全没有什么两样。因此，从冥府生还完全是可能的。在前文中提及过，在新西兰人们将那个世界视为人类本来的世界，那与日本的根之国的观念一样，认为人类是从那个世界暂且来到这个世界。

在这一点上，我没有能力对阿伊努的情形进行判断，但总而言之，可以说在阿伊努也存在类似于冲绳迎接太阳之墓，以及韩国三姓洞穴那样的与人类交往的通道。关于冲绳与日本本土的洞穴信仰，已经相当广为人知，我觉得没有必要讲太多。伊势的二见浦想必就是"太阳洞穴"，那一对夫妇岩生下了太阳。两块岩石宛如洞穴的出口。太阳从门口出去，升上天空。

夫妇岩本身并不是神体，可以说那是太阳的化身。

太阳落山的地方叫做"二上山"。由此可以推测那是以雌雄两峰为门的落日之门信仰。而且，在日本海，也有一些落日的夫妻岩信仰。我曾在能登半岛、山口县对那样的地方进行过调查。

另外，作为通往冥界的通道，最有名的恐怕是在《古事记》中出现的"出云国的伊赋夜坂"。《古事记》用阿伊努语"黄泉津比良坂"来称呼，那也具有暗示意义。

具体来说，在《出云国风土记》的"出云郡宇贺乡"项中，就有"从古至今，黄泉之坂号称黄泉之穴"这样的记载。

在前文中提及过，在鹈萱葺不合尊神话中，有尊贵者、神以及王在洞穴中诞生的故事。日本古代的久米若子传说也是这样的例子。关于这一点，我已经进行过论述。[①] "记纪"所讲述的显宗天皇即位的故事，"来目久米部"的男子将隐居在石室里的来目若子立为王，洞穴之王一时自称为天皇。

久米若子隐居于洞穴的传说各地都有。《万叶集》中有纪伊国三穗的洞穴，《古事记》中有播磨缩见山的洞穴。说来，久米部是一个谜一般的集团，大和朝廷在某个时候从属于大伴这一军事集团。估计久米部过去是在日本各地的山野、海滨生活的非定居者。

被称为若子的"圣者"就是那些人的首领，神圣之王若子想必也与洞穴有关。

---

① 中西进：《读古事记》第 4 卷，角川书店，1986 年，200 页。

因此,日本的洞穴具有太阳洞穴、冥界通道、王之诞生地这三种性质。而且,那与新西兰的洞穴、冥界通道,以及韩国的神之诞生地、阿伊努的冥界通道具有同样的倾向。而冲绳的洞穴也是太阳洞穴、冥界通道、建岛之神诞生地,所有性质都一致。

三

接下来让我们把目光投向欧洲。首先想到的大概是门德尔松作曲的《赫布里底群岛序曲,芬格尔洞穴》(op. 26)。

我曾参观过芬格尔洞穴。该洞穴位于苏格兰西部的斯塔法岛,是一个天然的大洞穴。

门德尔松 1829 年 5 月在伦敦举办演奏会之后去了斯塔法岛,深受感动,获得了创作交响曲第三号《苏格兰》(op. 56)的灵感,他在 8 月 7 日的家书中,为了证明赫布里底群岛那令人震撼的洞穴有多大,附上了后来成为《芬格尔洞穴》的前 21 小节。

对于年仅 20 岁的门德尔松来说,赫布里底群岛给他带来的感动有多么新鲜,是如何打动了他那天才之心,这些不难想象。但是,将该洞穴称为芬格尔洞穴,从这一点可知门德尔松的心飞向古代,让自己的心遨游于遥远的凯尔特“异乡”。更准确地说,他从那里联想到“苏格兰”,毋宁是古代的事物在直接召唤他。

另外,斯科特(Sir Walter Scott,1771～1832 年)的长诗《岛之王》(Lord of the Isles)也对那里进行了描绘。斯科特在 1830 年 4 月写下的了这首诗的序。在同一时代,两人都从讲述悠久历史的洞穴中获得了灵感。

斯科特原本就对古老的歌谣感兴趣,并收集了作品。那显然与这首诗的创作相关。不过,扩大一点来说,他与 19 世纪欧洲的艺术家一样,对古代、中世纪的世界抱有憧憬。在前文中对日本以及冲绳文明的维持力进行了论述,欧洲并不缺少那种维持力。以洞穴为媒介,古代的芬格尔王就多次复活过。

芬格尔王是 3 世纪前后统领芬尼安军队的国王,是巨人坎哈尔(Comhal)之子。在叙事诗《芬格尔》中,他渡海至爱尔兰,协助库弗林(Cuchullin)打败了侵略者斯堪吉那比亚国王斯瓦兰(Swaran)。

叙事诗《奥西恩》讲述的是奥西恩的未婚妻玛尔维纳的回忆，她是一名竖琴名手。芬格尔战死后，他儿子奥西恩也双目失明。该书的第1至第6章收录了若干首芬格尔的诗。

因为《奥西恩》讲述的是芬格尔协助库弗林与斯瓦兰军战斗的故事，所以苏格兰的芬格尔洞穴没有直接出现。另一方面，库弗林的洞穴扮演了主角。不仅库弗林以及特拉的洞穴，就连穆伦所居住的洞穴以及作为亡灵的使者出现的库尔格尔亡灵所居住的洞穴，这些形形色色的洞穴都出现了。洞穴中刮起的令人毛骨悚然的冷风，很难见到光明，而且人迹罕至。诗歌对这些方面进行了描写。

在这里，爱尔兰库尔林周边的洞穴是王的要塞，另一方面那又作为亡灵栖息的地方出现。芬格尔的洞穴大概也被同样看待。那里的巨大洞穴位于石柱列之中，呈现奇怪的外观，相当雄伟，又令人恐惧。真不愧于芬格尔之名。那里作为王的住处十分合适，让人觉得王的力量波及幽明两界。

顺便提一下，夏目漱石也读过《奥西恩》，这一点从《文学批评》（第一篇）中可以得知。关于漱石与《奥西恩》的关系，上田正行曾做过精辟的论述。上田认为漱石不是将《奥西恩》单纯地作为幻想、罗曼趣味，而是以"'死'这种严肃的主题"来理解。① 这一点与《奥西恩》始终贴近贯穿生死的洞穴来讲述并非无缘。

那么，在《奥西恩》的舞台爱尔兰，处于《奥西恩》中心的凯尔特人他们的洞穴又是怎样一种存在呢？

在麦克阿那（MacCana Proinsias）的介绍中，最让人感兴趣的是"库尔阿夫洞穴"。② 那似乎是石灰岩层狭窄的裂缝，正如在《内拉的冒险》中讲述的那样，那被视为冥府的入口。在11月1日的撒旺祭日里，石塚会打开，据称有神性的人以及死者在人之间走来走去。大概亡灵也会在这个洞穴出现。

据称洞穴附近有科那哈特王和阿里尔女王的宫殿。在神话

---

① 上田正行：《奥西恩》与漱石，《英语青年》1989年8月号。

② 普罗因西亚斯·麦克阿那著，松田幸行译：《凯尔特神话》，青土社，1991年，259～260页。

中，英雄内拉将从冥府攻打过来的士兵击退，然后进入洞穴之中。

撒旺祭日大概与日本的节气相似，那时的鬼的通道就是洞穴。

另外，我通过盛节子的论文①了解到了基督教传入爱尔兰以后洞穴信仰的状况。据称，在讨论相当于"圣巴特里克炼狱"在何处这个问题时，有人对作为入口的洞穴进行了详细考证。

主要有三种说法，分别是乌尔斯特（北爱尔兰）的巴特里克洞穴、科那哈特的克罗巴特里克（西爱尔兰）、曼斯特的"常世之岛"。也就是说，在以往的洞穴被应用到基督教炼狱的时候，固有的洞穴观真实地反映出来了。

上述第一种观点中的乌尔斯特是古代乌尔斯特的都城，离祭祀的中心地厄半很近，是古凯尔特王国的中心地。

另外，科那哈特的克罗巴特里克别名为"鹫之山"，山表都是灰色的岩石，显得很是煞风景。但从海上眺望起来很雄伟。那大概意味着眺望凯尔特的长青之国。

以上都是现实存在的洞穴，因其冥府性而被人们强调。另一方面，神话中的洞穴则是更加充满了浪漫性，让我们从井村君江编辑的《凯尔特神话》②中举出两个洞穴的例子。

莎芭曾经因为妖精使魔法而变成小鹿。魔法消除以后，她与芬深深相爱，但某一天他突然失踪了。据从森林中来的孩子说，他就是莎芭的孩子奥辛。森林环抱的山谷中有一个岩洞，他们在那里快乐地生活。奥辛是小鹿的意思。

这里的洞穴有点像桃花源、乌托邦。芬的孩子奥辛就是在那里诞生的。奥辛后来成为出色的骑士，而且还是诗人，写过许多有关芬阿那骑士团的叙事诗。

还有一个例子就是：芬在与芬阿那骑士团一起航海时，遇到了一个奇妙的岛屿。他命令手下的迪尔姆德去探路。迪尔姆德爬上悬崖，美丽的自然景色展现在他的眼前。

但是，他遭到挑战，沉到泉底。等他缓过神来，发现自己在城

---

① 盛节子："基督教在爱尔兰的传播——圣巴特里克的传承与象征性"，中央大学人文科学研究所编《凯尔特传统与民俗的想象力》（中央大学出版部，1991年），105页。

② 井村君江编：《凯尔特神话》，筑摩书房，1990年，229页、245页。

堡里,城堡里的人请他参加与其他国家的人战斗。

看到迪尔姆德老是不回来,芬带人到处寻找,来到一个深洞里。他们往深处走,绿色的草原出现在他们眼前。那里是妖精之国,他们发现迪尔姆德以及之前沉入海中的 15 个骑士都在妖精国的王宫里。

妖精王把骑士们抓去,是因为想让他们协助作战。

这里的情节稍微有些复杂,水陆的世界以洞穴为媒介彼此相连。而且,貌似水中世界的其实是丰饶的绿色草原上的妖精之国。

按照现代人的说法,美丽的草原大概是象征,洞穴的彼岸是异界的乐土。

凯尔特有长青之国的思想。西天是死后之国,但那是另外一种生命之国。那与日本的根之国相当,与冲绳的"仪来河内"也十分相近。上述世界让人感觉很像这种长青之国。

迪尔姆德与井里的骑士战斗,一并掉进泉水中。缓过神来发现那里是美丽的大草原,那与日本神话中的海神之宫一样,让人仿佛身处海底,但有细腰蜂在宫殿上盘旋(《万叶集》卷十六)。

如果说洞穴起到了连接那个世界与现世的桥梁的作用的话,这个通道只起到了切换开关的作用。洞穴象征了一种虚脱。

因此,洞穴作为一种符号,当然会发生以下变迁。同样是依据井村的介绍①,在康沃尔的波斯罗原野上,有被称为"有孔石"的四块竖立的大石头,那是青铜时代的东西。

其中一块直径 1.5 米的石头当中有一个 60 公分见方的洞,够藏一个人。

据说那是古代凯尔特的祭典场所,或者是族长的墓石。现在,据称当地人让孩子藏到那个洞里能治百日咳、淋巴腺结核病、佝偻病,还能让女人早生贵子。

从疾病到健康,以及从婴儿的诞生这种生命的转换,石头是朝这种相反世界转换的关口,与洞穴同样起到了符号的作用。

在日本,有些神社举行"过茅草圈"的仪式。跨过茅草圈,等于就是把蛇斩死了,据说能够去病消灾。我也相信这种说法。"过茅

① 井村君江:"生活在康沃尔凯尔特岛",《尤里卡》1991 年 3 月号。

草圈"与凯特尔钻石洞的做法应该完全是一样的。

这种作为关口的"洞穴"同时还具有太阳信仰,这一点极其重要。据称,从石头之间,在5月和8月能看到日出,在2月和11月能看到日落。

到此,我们终于遇到了"太阳洞穴"。称为"太阳石"的东西存在于各地,那成为历法的原点。把太阳纳入这种圆环之中的思想,大概只是为了历法上的简便吧。最有名的是埃及的太阳之门。我认为那是更加纯粹地将洞穴形象化的圆环。

四

如上所述,冲绳的洞穴信仰,即把洞穴视为太阳出没以及神之诞生地,或者通往他界之路,这是一种广为分布的信仰,不仅见于亚洲、波利尼西亚,而且在欧洲也存在。

那似乎是极为平凡的事。洞穴信仰在其他地区与神话以及古代信仰有共通之处,这一点十分重要。而在冲绳,出现于《神歌》这一比较新的文献之中,而且现在依然作为生活中的事情显示出了洞穴的神圣意义,我想这一点是与其他地区的最大区别。

乍看是冲绳固有的事物,但其实是极其普遍的。我们应该深入思考那种信仰依然存在的意义。

因为所谓普遍性就是显示本质的根本特征。

我觉得没有哪个地方比冲绳更加具有象征意义。

冲绳文化深刻的象征性令人惊叹。

比方说,虽然冠以"御岳"之名,那根本就没有山岳,连丘陵都没有,只有一些树木。

但是,人们认为树木就是山。基于这样一种认识,人们的生活形成秩序,充满平稳祥和的气氛。老妇在洞穴前庄严肃穆地祈祷的场景在冲绳并不罕见。

冲绳有所谓的假视空间。关于这一点,我从伊从勉①那里获得了很大的启发。从首里城眺望斋场御岳,在远处配置久高岛,可以

---

① 伊从勉:《琉球祭祀空间的研究》,中央公论美术出版社,2005年,176页。

说这样一种信仰构造在那里设置了拜殿和神殿。不过,在始祖神造访的地方设置了最高级别的祭祀场。而且,那不同于国王在那里举行的最隆重的活动。

在冲绳经常会听到遥拜这个词。但我认为按照日本本土的方式将之理解为朝某个方向参拜,将之与伊势信仰视为相同的信仰,那是错误的。

从遥远的场所,面向遥拜对象,那里有想象中的院落,想必设有拜殿和神殿。

更严谨地说,使用拜殿、神殿这些神道中的概念,是不准确的。但我认为至少当地的人们想到了系统地超越了眺望、遥拜这些概念的确确实实的祭祀空间。

当然,正如说御岳却没有山一样,也没有建造物,没有空间的体现。但是,在心中,确实有看上去像建筑物的山和海,有开阔的平地。如果用通常的话来说的话,是假视性的东西,实际上那是一种象征。如果排除象征这一概念的话,冲绳就一无所有了。

构成这种象征性的核心恐怕是信仰。信仰这个词在现代人看来,似乎像是一种规范。然而,作为没有规范的、更加自然的、对人来说更加必然的行为来信仰,那用现代的方式来表述便是象征,因此,可以说象征性在神圣的事物中体现得淋漓尽致。

在神灵信仰中,神圣事物的象征性想必是核心。

据酒井卯作称,在今归仁古宇利岛的御岳中有两个骷髅,每年选四个吉日举行仪式,全裸的祝女用神酒清洗骷髅。①

因为那里流传着这样一个神话。最初,裸体的男女生活在这个岛上,后来他们的子孙遍布该岛。

在这里存在一种超时间性。骷髅不用说是祖先,祝女以与祖先相同的姿势超越时间,与祖先生活在同一时代。骷髅得到清洗,获得安慰,一直获得新生。

如果将全裸的祝女理解为只是在作秀或者修行的话,那么就偏离了事物的本质。

而另一方面,子孙兴旺,这种观念与澳大利亚的阿波利吉尼有

---

① 　酒井卯作:《琉球列岛死灵祭祀的构造》,第一书房,1987 年,595 页。

些相似。他们把现在的人视为子孙。在他们所画的画中，分散着无数点，他们将那视为祖先的子孙。阿波利吉尼就是祖先的意思。

　　阿波利吉尼在充满子孙的画面上画上祖先的足迹。也就是说，祖先与子孙生活在同一时代，两者之间没有历史时间。这便是人们常常谈到的超时间性。

　　在冲绳的古宇利岛，祝女清洗骷髅的仪式表明祖先现在依然健在。而清洗的祝女则是生活在超时间性中的子孙。

　　这种默契表明他们对于超越说明的神圣事物的认定。那完全是在空虚之中再现的神圣空间，是一种虚拟的神圣时间。聪明的现代人谁也不会相信这种肃穆氛围，但那种神圣时间应该得到承认。换言之，那是高度的象征性。

　　究竟为什么会产生那种象征性呢？问题在于肉体与灵魂。既然灵魂依附于肉体，那么尸体有时候会使用恶灵之力来给人们带来痛苦。当然，有时候也会做善事。

　　但是，灵魂脱离肉体，那么就只剩下无机质的尸体。忌讳死者，或者反过来尊崇死者，都是在努力地赋予尸体以灵魂。

　　冲绳人对尸骨的态度，令我不可思议。把尸骨放在身边，一点都不觉得特别。那与将尸骨视为死者的东西敬而远之的现代人大相径庭。

　　但是，那是因为现代人认为死者的冤魂不散。冲绳人对于尸骨与灵魂的关系理解与此不同，灵魂脱离死者的身体，寓于后来的肉体之中。那样一来，剩下的尸骨就只是尸骨，将那埋葬在草丛中也没有任何关系。

　　简直是连精神都生活在珊瑚上的人。那甚至让人觉得连尸骨都很美。

　　在日本本土，人们认为另一方面的灵魂改变肉体得以永生，天皇的灵魂就是一个例子。肉体不同，但生命一样。生命生活在永恒的时间中。

　　像这样将尸骨与灵魂明确分离开来的观念具有鲜明的冲绳特色。

　　说佛教将死亡视为一种阴暗的事情，那是一种错误。日本本土对死的恐惧以及忌讳，可以说受到了佛教的影响。这样一来，冲绳人对于尸骨的态度，比那要明快得多。佛教是经由日本本土传入冲绳的。即便如此，冲绳的寺院并不多见，这一点广为人知。

这种对于尸骨的明快观念，想必与冲绳的价值观密切相关。读一读《神歌》便会发现，有"清"打动人心的这种美称。可以说频繁出现的这种美称体现了冲绳人最崇高的价值。

这种"清"不崇高湿润，而是尊崇干脆利落的美的品质。

如果使用同样的表达方式，"清骨"这种表述应该也能成立。我认为这是冲绳的死者观的根本之所在。而且，我认为那不是在灵魂上附加多余的意义，而是将生命的重点置于灵魂中来思考的结果。在那里，生命有永生的可能。

因此，用超越时间这种现代概念来表示是不准确的。"象征"这种说法也太现代。在现代，反而难以将事物视为物。因此，只能将那称为象征性高的一种生命观。

通过显示如此强调象征性的冲绳风土，使我们意识到我们失去了最为宝贵的东西。我曾在冲绳向人打听他们如何举行葬礼。有人告诉我，只是熟人聚在一起将死者埋葬。我不禁肃然起敬。当时的情形依然历历在目。

死不受任何事物的妨碍。

在空无之中，存在高浓度的精神性，没有牵强附会的东西。

半咸水文化的历史和未来

一

在探求日本文化源头时,半咸水域所产生的影响不可忽视,在古代曾经有过不妨称为半咸水文化圈的地区。

为什么在海洋巡游的鲑鱼能够回到产卵的原点? 为什么《风土记》中早就记载了远海出生的鳗鱼会栖息在日本的河口以及湖泊? 另外,为什么香鱼这种与鲑鱼齐名的代表性鱼种会在河里游上游下栖息? 我从小就怀有这样的疑问。

那些鱼虽然被称为淡水鱼,却是海水鱼。另外,还有一种"陆封鱼",它离开大海故乡后,就没再回去了。

半咸水给我解开了这些幼稚的疑团。而且,我意识到半咸水构成日本人生活的最主要条件,甚至觉得半咸水圈孕育了日本文化。

自那以来,我考虑提出"半咸水文化"这一概念。

所谓半咸水,是指发生于河口的一种现象,其最大特征是有浅滩。

浅滩一般分为前滨浅滩(在河口前滨形成的浅滩)、河口浅滩(在河口形成的浅滩)以及泻湖浅滩(海以及河口的一部分被沙洲围起来的浅滩)三种。也就是说,浅滩是河口的一种现象,那对于通过半咸水溯流而上的鱼而言是不可缺少的地带。因此,如果浅滩消失的话,半咸水圈的性质就会发生大的改变。

然而，最近（其实从几百年前开始就已经这样）排水开垦浅滩工程进展迅速。当然，各地都有人反对，但那只是由于担心栖息在那里的生物面临死亡的危险而反对，或者是由于哀叹风景发生变化而反对。

遗憾的是，没有人因为半咸水文化会消失而提出异议。

这样的状况越发让我对半咸水文化产生了浓厚的兴趣。

二

那么，半咸水是指什么呢？根据平凡社《世界大百科》的定义，是指"淡水和海水混合之处"，那与河口大致相同。

不过，之所以对其特别加以关注，是因为那里栖息着广盐性生物，而广盐性生物能够"在盐分浓度高低不同的广范围栖息。"鳗鱼、鲑鱼、飞鱼等都是这种生物。据称那些生物会在那里停留数日至数十日。

而且，由于河水中含有大量的粒状有机物和营养盐，"因此半咸水区域生物的种类以及数量都相当丰富。"（由向井广撰写）

这样一来，我那幼稚的疑问也就冰消云散了。而且，我还明白了以那些为食的鱼儿，以及以那些鱼儿为食的鸟儿在那里聚集，进而捕鱼的人也汇聚到那里，这样便形成了半咸水圈。

对于靠自然生态系生活的古代人来说，那是正中心地区，因此也是最容易形成文化的地方。

不仅如此，还有对半咸水更加严密的专业说明。奥达姆将半咸水区域（河口湾，aestus＝潮汐）限定在拥有通往外洋的自由开口的半封闭的沿岸水域。[1]

依照这样的规定，上述泻湖浅滩是最典型的半咸水区域，我们更有必要对半咸水与浅滩同时进行探讨。奥达姆接着又指出："典型的例子有河口、海湾、潮汐湿原、堡礁后面等。""人类利用或者滥用这些地方，成为一个严重的问题，引发了议论。"他很早就谈到了日本各地的排水开拓事业，提出对半咸水生态必须作为整体来研

日本文化的构造

---

[1] 奥达姆著，三岛次郎译：《生态学基础》（下），培风社，1975 年，466 页。

178

究、监督、管理、规划、区分,对人类的利用要从整体上进行制约。[1]

如果将半咸水生态限定在浅滩的话,对 1945 年以后的排水开垦场所进行的调查[2]值得一提。

日本全国的浅滩在 1945 年为 82.621 公顷,而 1990 年减少至51.443 公顷。其中 1978~1990 年的减少量为 3.857 公顷,那是在奥达姆发出警告之后发生的事情。

日本是水稻种植国,在江户时代以后,浅滩的农地化速度加快,田沼意次(1719~1788 年)的印旛沼以及北海道的排水开垦、八郎泻的填埋工程十分有名。近几年排水开垦比较少,据称多是为了填埋成工厂用地以及住宅用地,每年填埋的浅滩有 1.671 公顷。

古代日本不存在现在人们所叹息的问题,当时日本各地都有半咸水区域,想必风景很美。许多人聚集在那里,呈现十分繁荣的景象。

事实上,在前文中提及的泻湖是 lagoon 的翻译词,另外又被称为半咸水湖。据堀内清司称,日本代表性的半咸水湖有滨名湖、中海、八郎泻、萨洛马湖等(前引《世界大百科词典》)。

古代大和王朝没有波及八郎泻以及萨洛马湖。不过,当时处于朝廷支配下的滨名湖(远淡江)以及中海(沃宇之海)都在《万叶集》中出现了。

半咸水湖位处中心位置,说起来大和朝廷与难波成为一体建构起了王权(与明治初年的堺县的区域完全一致),而只有在出云才有与之对立的王权。这两者都位由天满沙洲形成的泻湖和宍道湖这两大水域,可知半咸水区域有多么重要。

除此以外,当时的半咸水湖都是像纪伊凑和天桥立的宫津湾那样的小地方。在记伊凑,纪氏繁荣;而在宫津湾,新罗系的王者渡来称霸。

古代日本的两大王权就是半咸水的王权,古代的两大文化就是建立在半咸水的基础之上。

---

① 奥达姆著,三岛次郎译:《生态学基础》(下),培风社,1975 年,408 页。
② 参见《日中新闻》2001 年 2 月 25 日的报道。

三

让我们对这种半咸水生态系做进一步探讨。日本在古代有"苇原中国""丰苇原之国"的美称。这些由来于《日本书纪》《古事记》的称呼是以"瑞穗之国"为基础,被理解为祝福稻谷丰登的内容,但没有哪本书上写过瑞穗就是稻谷。

首先,日本是芦苇繁茂的令人自豪的国家。生长于半咸水区域的芦苇在根部储蓄丰富的养分,除了给鸟类提供筑巢的场所以外,还可以用作燃料以及造船、建筑的材料。我以前也不相信芦苇可以造船,但最近看到了复原的芦苇船。

因为如此重要,大国主之神有"苇原丑男"的别名,他是统治该地区的勇者。

芦苇繁茂的湿原适合种植水稻,携带水稻种植技术来到日本的弥生人在那里定居下来了。这样一来,"丰苇原"成为水稻的"瑞穗之国"。

关于芦苇和水稻,我接触过饶有趣味的报告。据野本龙一称,即便在近世,在有明湾的排水开垦地,举行法事、嫁女、葬礼以及有客人来时,都用芦苇做原料,而平常则使用稻草、麦秆、棉壳以及柳枝等。[①] 除此以外,芦苇还用作帘子、壁材、屋顶材等,可知因为有这样的传统,芦苇是一种体现喜庆气氛的材料。稻草是日常的材料,而芦苇则是半咸水边的王者。

《万叶集》中有"苇鹤""苇鸭"这样的词。因为鹤以及水鸭捕食汇集在芦苇根边的小动物。

栖息在浅滩的小动物有蛤仔、竹蛏等贝类,以及我们小时候钓虾虎鱼时用作饵的沙蚕、蟹等。

那些小动物吸收有机物,起到了净化的作用。另外,它们的排泄物成为海藻的养分,使浅滩的生命得以循环。

《伊索寓言》中也有鸟的嘴巴被贝壳夹住这样的故事。想必半

---

① 野本龙一:"居住与环境的民俗",樱井满主编《万叶集的民俗学》(樱枫社,1993 年)71 页。

咸水区域随处都在发生那样的故事。

人类也汇聚到那里,构成这种循环中的一个环节。《万叶集》中有不少到浅滩去拾海藻(卷7-1154),以及在满潮之前去割海藻的和歌(卷2-121)。

当然,贝壳是太古以来的食料。难波半咸水圈的线蚬贝曾出现在《万叶集》中。

蟹也具有代表性。《万叶集》有两首乞食者之歌(卷16-3885,3886),那讲述的是鹿和蟹分别把它们的肉以及身躯给人类的故事。在《万叶集》中甚至还能看到"猿鹿"这样的用法,鹿与野猪同为代表性的肉食。也就是说,那是代表性的狩猎对象动物。

蟹与山野之兽对应,从这样的构图中可以看出绳文文化与弥生文化的交错,引人深思。

同样的故事在中世纪的童话故事《猴蟹对战》中也有出现。这个故事的主角是猴子和螃蟹。山中的猴子拿着当时珍贵的柿子核,估计那是日本原产的山柿,想必那是绳文人的高级食品。

而蟹手里拿的是饭团,那是水稻种植的成果。它们分别拿出珍贵的植物,但柿子要耐心等待8年才能结果,如果肯等的话,以后就能尽情享用;饭团马上就能吃,但吃完就没有了。

这个童话故事通过这样的选择来嘲笑被眼前的食欲所驱使的愚蠢行为,太古的绳文与弥生的对立甚至渗透到了这样的笑话中,那是日本国家形成史的体现。当然这也是绳文时代与弥生时代一半平行进行的证据。希望进一步澄清那个时代的真实面貌。

在前文中已经提及小生物捕食。有小鱼,就会有以之为食的飞鱼等等过来,还会有以飞鱼等为食的更大的鱼。

在北陆的真胁遗址发现了更早时代的大量海豚骨,半咸水区域的循环区域大得惊人。

在远洋渔业不可想象的时代,人们靠潜水,或者顶多用捞这种方式来捕鱼,渔场限定在半咸水区域。

舒明天皇在香具山咏唱的望国之歌(《万叶集》卷1-2)中有"平原满炊烟,海上多鸥鸟"这样的句子,其中的"海上"大概就是指那样的渔场。

在渔场上空,候鸟云集。

据说日本是候鸟从西伯利亚、中国飞往东南亚的中转地。另外，还有许多从西伯利亚以及阿拉斯加往来于日本的候鸟。其中世界上70%的灰鹤飞来日本。

而且，那些候鸟飞来日本是为了捕食，而半咸水区域以及与之类似的湖泊、水田中食物最为丰富。柿本人麻吕在琵琶湖看到了鸽（卷3-266），大伴家持在越中①的水田中听到了鹬的鸣叫声。

总之，山地占日本国土面积的七成，温暖多雨，无数河流雨水顺流而下，还有像三陆那样的沉降海岸，海岸线有无数河口以及海湾。

在河口会形成河口水域，那里储蓄着来自沿岸树木的丰富养分，因此会生长大量海产品。人们在那周围过着舒适的生活，并因此形成文化。

我觉得半咸水圈代表了那种文化。

四

下面想看一看具体的地形。

在前文中提及过的难波是典型的半咸水区域，日下雅义的《古代景观复原》中的图明确显示了这一点。

那里原本是被高地环绕的海湾，南下的淀川与北上的大和川在这里汇集，由西向南突出。那是天然良港，又与濑户内海相连，许多船只在那里停泊，通过水上交通将文化传播到各地。

在《古事记》下卷"雄略天皇"项中，有一首称赞居住在生驹山下草香江的富豪的歌谣。那个富豪穿着犹如莲花的舶来彩衣，其必然性我们能够充分理解。

说来，kusaka到底是什么意思呢？流传至今的日语是弥生语，那在弥生语中难以理解。那么，是之前的绳文语，还是另外系统的梵语呢？这一点不明确。虽不明确，但估计那是"太阳之下"的意思。因为有"日之下之kusaka"这样的句子。如果将生驹山视为日出之山的话，在内容上也一致。翻越生驹山的古道，即被称为"草

---

① 译者注：旧国名，相当于今富山县。

香直越"的山路,那或许是太阳之路。《万叶集》中有往西爬过生驹山,看到波光粼粼的难波之海这样的和歌(《万叶集》卷6-977)。

用"日本"这两个汉字来表示"大和"是在7世纪以后,8世纪以后的汉诗才将"日本"用作我国的名称。但我认为kusaka是太阳诞生的意思。

据说在半咸水区域形成的浅滩,阳光可以一直照射到底部,氧气充足,半咸水流域是阳光明媚之地,这一点从下面关于和歌之浦的论述中也可以看出来。

难波地处被称为草香江的最深处,来自南北的两条河流在前滨浅滩汇合,使海域缩小。另一方面,沿着上町高地,天满沙洲伸到内海的入口,最终与淀川河口相接,使内海成为半咸水湖。

人们在那里开凿沙洲,建造了堀江,那便是难波的堀江。

6世纪中叶,物部氏将新传来的佛像扔到那里。那大概是想把渡来的佛像又扔回大海之中。

像这样,堀江历史悠久,到了8世纪中叶,元正天皇一行在堀江坐船游玩(《万叶集》卷18-4056-4064)。堀江离难波很近,想必在宫中能听到潮汐声以及渔夫的号子声。

居住在山国大和的王如果仅凭山地来支配日本全国,想必无法自由地进行对外交涉。以难波和大河一体化的区域为中心,确立了日本最初的王权,形成了最初的文化,即半咸水文化。

另一方面,也不能忽略在出云也存在王权。现在被称为出云大社的杵筑大社位于西出云,估计中心就在那里。不过,生活圈的中心大概是在意宇郡的宍道湖畔。

宍道湖原本是半咸水湖,那里是斐伊川等河流的淡水与海水融合之地。据称在绳文末期被岛根半岛堵住了。

宍道湖是日本第六大湖泊,栖息着半咸水湖特有的小生物。如甘鹭、白鱼、鲈鱼、鲤鱼、鳗鱼、蚬贝等,呈现复合性生态系。

另外,与难波一样,飞来这里的鸟类也很多,据称有45科263种,这也是宍道湖的特点。

特别是这里是小白天鹅迁移的最南限,大雁从西日本只飞来这里。大陆来的候鸟也很多。

古代出云人在这周边居住生活,将信仰之心寄托在西面的杵筑大社。出云大社建造了由一根巨大柱子支撑的宫殿，显示了大和所没有的对天的信仰，在前文中提及过的夕阳信仰的庄严也令人难以忘怀。

朝西的正殿便是一个例子。他们的信仰与大和人对在难波的大海上熠熠生辉的朝日进行跪拜的做法完全相反。

这与大国主这个出云的大神让位之后，作为冥府之神隐居的神话有关联。

在那之前，素戈鸣尊是黄泉之神，在误入蛭之国以后，说要回到姚之国并哭了起来。大国主的神话就接在这一段的后面。

另外，在让位的神话中，有言代主之神想去保美之崎抓鸟捕鱼的一段。保美在环湖半岛的最东端，与最西端的杵筑御崎相对。

神话中所说的玩鸟是指占鸟，捕鱼是指占鱼。出云人将"占"托付在鸟以及鱼身上，以此来接受神意，尊崇海上的落日，以获得心灵的安慰。

另外，我还想提一下与古代人紧密相关的纪之海岸以及和歌之浦。

那里也是纪之川河口，属于在前文中提及过的三种浅滩中的典型河口浅滩。现在直到杂贺山全都陆地化了，但估计在古代，是以奠供山为中心神岛，纪之川的泥沙受到吹上滨沙洲的阻挡不断堆积，形成了多处浅滩。

而纪氏一族在此繁荣昌盛，在被称为"神武东征"的天皇东征神话中，神武天皇试图从草香江登陆，但没有成功。接着又试着从纪之川河口登陆，朝大和进击，但还是没有成功。神武之兄战死，牺牲惨重。

那意味着在那里建构起了很大规模的王权。另外，也显示在半咸水区域形成了很大的集团。

在神武东征大约700年之后，24岁即位的圣武天皇在他即位的那一年（神龟元年，724年）马上就去了和歌之浦行幸。而且他宣布将一直被称为弱之滨的地方改名为明光之浦。弱之滨即"弱水"（永远之泉），也就是"永远之滨"。这样的名称表明那里自古以来就被视为中国想象中的理想之滨，即桃花源似的海滨。将孕育着各种生物的和歌之浦想象为桃花源、长生不老的海岸，那完全可以理解。

然而,圣武天皇命令将那里改名为熠熠生辉的明光之浦,强调半咸水区域明媚的阳光,更名使得那里由信仰之地变成了景观之地。半咸水区域原本是生活便利之地,接下来变成信仰之地,再然后被提升为风光明媚的景观之地。

可以说那是艺术化的第一步。风景歌人山部赤人以清澈的海滨、白浪、玉藻为主题,对和歌之浦进行了热情赞美(《万叶集》卷6-917)。半咸水区域开创了半咸水文化的先河。在浅滩浦食的田鹤也成了一幅画。

赤人回到当时的故乡飞鸟,通过天上的鹤与地下的蛙来咏唱故乡(卷3-324)。与之相比,咏唱和歌之浦时认识升华到了更高层次,因为鹤与蛙是典型的表现桃花源的小工具。

天皇甚至在那里设置了宫殿。宫廷歌人将天皇置于杂贺野等大背景中,来赞美玉津岛明媚的风光。

而且,在和歌中说以玉津岛为背景,主上显得更加珍贵(卷6-917)。和歌以这种绘画的结构来表现极其精美的天地的殿堂。

在时代更早的柿本人麻吕的歌集中,也有一首赞美玉津岛之沙的挽歌(卷9-1799)。

作者来到玉津岛,说希望染成海滨沙子的颜色归去。因为他的亡妻曾经触摸过那里的沙子。

手牵手,意味着生命的授受,那大概是现在握手的起源吧。因此,作者希望用带有妻子生命的沙子来装扮自己。说因为有上述信仰作者才会那样做,不免显得有些老调,不过那的确证明玉津岛的沙滩很美。

作者被半咸水区域的美丽沙滩吸引住了。

关于半咸水区域的沙滩,我读过这样一篇报道。蟹类在河口的浅滩挖洞群生,潮退之后,吃泥沙表面的硅藻以及微生物。觅食时把没有营养的泥沙弄成小球形状舍弃。因此,在蟹巢周围,有无数被净化的小沙球。①

人麻吕歌集的作者所看到的大概就是这种美丽的沙滩。栩栩

---

① 前引《日中新闻》2001年2月25日的报道。

如生的美丽色彩,想必那是充满悲伤的美。

可以说,和歌之浦就是最初成为景观的半咸水区域。而且那正如"白沙青松"所表述的那样,成长为日本的风景。但是,铲除海岸边的所有杂草,统一为只有松树的风景,还需要一些岁月。《万叶集》中有许多咏唱和歌之浦的作品,但那并不是海滨风景。过去常常能在澡堂看到松树成排的海岸和洋面上泛着白帆的风景,那大概是从浮世绘开始的。

因此,《万叶集》才是最适合被称为歌咏半咸水区域的歌集。

五

半咸水区域很早就在日本文学中出现了,这一点已经提到。那么,之后文学又是如何发展的呢?我们将其整体称为"半咸水文化",并把其中一部分限定在文学来分析,首先可知以芦苇作为生活表象其传统源远流长。

难波的芦苇成为了经典题材,在古典时代一直被人们咏唱,作品不胜枚举。例如,《百人一首》中有这样的作品:

难波芦短良宵短,妾自情长君亦长。

——皇嘉门院别当(《千载集》)

莫道江边芦节短 却似与君相会时。

——伊势(《新古今集》)

在这里首先可以看到极其繁茂的芦苇。

贵族们用芦苇来表达优美的爱情。但是,也有描写贫困男子割芦苇的劳动场面。

在平安时代的《大河物语》中,说有一对靠割芦苇为生的夫妇。因为实在是太穷,妻子到都城去谋生,在那里被贵公子看上,并结为夫妻。有一天,妻子对丈夫说想看难波的芦苇。两人来到难波,看到一个穷苦男子在那里割芦苇,那人正是她之前的丈夫。

另外,谷崎润一郎也写过名为《割芦苇》的小说。故事说沿河溯流而上,到达巨椋之池,看到一个神奇的男子出现在芦苇旁。可以说,割芦苇这样的主题在文学作品中持续了一千多年。

其次,河川是难波即后来的大阪文学的原点。在那里可以看出以河川为媒介来把握异界空间的相位。

淀川以及大和川的干流、支流流经过大阪,因此大阪架有许多桥梁。

例如,在近松门左卫门的《心中天纲岛》中,游女小春和治兵卫去自尽,桥过了一座又一座。"渡过朝夕走惯的天神桥,还有道真卿所喜爱的梅田桥,以及传递等待归人之心的绿桥,哀叹离别而跟去的樱桥。"他们过桥前往自尽之路。

可以说和前面的芦苇一样,桥也构成大阪的原点。再往前追溯,桥连接着那个世界与这个世界。桥的对面是异界,这一边则是现实世界,人们认为过了桥就到了另外一个世界。因此,桥令人生畏。

桥头是走向异界的最末端,所以那里一定会有魔女。桥姬便是那样的人。

现实终结之处也是祭祀场所,因此在那里举行各种各样的游戏。那种游戏叫做"桥头"。小春和治兵卫去寻死,大概是因为他们心中拥有大阪无意识的灵界。

第三,大阪具有往返于上游都城的流动之心。事实上,过去人们是乘船进京,起点叫做"京桥"。

另外,从京都出发的遣外史,以及惹怒了丰臣秀吉的千利休都是从京都伏见乘船经淀川而下。

在这里,在思考水路时,与谢芜村(1716~1783年)是一个典型的例子。

芜村的故乡在毛马村(现在的大阪市都岛区),他在京都大显身手。

芜村既是俳人,也是画家。他的俳句华美绚烂,像"牡丹艳,落英聚香两三片"这样,有一种都城的豪迈之气。他不是说樱花的花瓣一片一片地飘落。

芜村具有非常华美的都市情趣,而大阪正是集中体现那种情趣的都市。其实,他有一部名为《春风马堤曲》(收录于《夜半乐》,

1777 年)的作品。故事是说浪花①的女学徒休假归省,芜村与之同行。他也有一种意识,即以故乡马毛村,以及溯流而上的荒芜之村(芜村)为原点。对于芜村而言,都市不是他的最终追求。他的作品有一种结构,以回归故乡之心为基础,创作出上方都城风格的作品。我认为其实这是大阪的一大特色。

在充满生命力的半咸水区域都市,流淌着源自农村的淡水,淡水与海水交融,变成半咸水。我认为河川构成大阪文化的原点。

另外有一点,大阪存在自由批判的精神。例如,17 世纪的井原西鹤说:"今宵所见之月与天子所见之月相同。"我认为这样的自由与大阪的"传统"有关。在那样的原点上形成的都市文明作为半咸水文化现在依然存在。

六

那么,背负着这些历史的大阪文化今后应该如何发展呢?

首要课题是如何治理这座城市的基本即河流,并提升其文化内涵。

大阪府在对寝屋川流域进行综合治理。寝屋川是一条从大阪府东北部流经大阪市的河流。

但是,从大阪府的土地高度(海拔)侧面图②来看,南北区域的北侧是淀川,南侧是大和川,两条河的河床都高于夹在中间的大阪市区。如果决堤的话,市区全都会被水淹没。这一点从河床与市区的高低差就很容易看出来。

另外,往东西看,东侧是生驹山地,西侧是上町高地,大阪平原夹在两山之间,上町高地西面临海。大阪呈现的是这样一种地形。

寝屋川治水工程是在地下挖一条大通道,用来分流河水。从这一工程也可以看出,大阪计划今后将完善利用水资源的环境,与水和谐共存,创建那样的水文明区域。

第二,恢复浅滩十分重要。

---

① 译者注:与难波同为大阪的古名。
② 由福井纯太、德永孝之制作,《环境技术》第 7 号,1990 年。

2001 年 5 月 29 日的《读卖新闻》报道了小泉首相（当时）提出了要恢复东京、大阪和伊势湾的浅滩的方针，通过恢复浅滩来使自然获得重生。

据报道，小泉内阁将致力于恢复多种候鸟飞来的浅滩，以及多种鱼类能生息的有藻类生长的场所，保护自然生态的大面积森林，以及地区居民休闲的场所。

另一方面，大阪府与大阪市将分别对浅滩进行治理。目前，大阪府港湾局正在针对堺市的泉北港实施绿色港口模范工程，大阪市也在建造大阪的南港野鸟园。

实施这些工程，是为了能有千鸟和鹬到来。《万叶集》中就有这些鸟，所以那样做也是在再现《万叶集》中的风景。另外，据说鸥鹏也会来这里栖息，这种鸟在《万叶集》中也频繁出现。大阪市是想将那种风景复原。

我在不知道这些行政举措的情况下，在题为"黑鲷之海公园"的文章①中提出了海上公园的构想。黑鲷之海是指淡路岛与大阪之间的水域，我建议将那片水域命名为"黑鲷之海"，因为古代就有过这样的名称。

文章的主要内容是建议将整个水域建成一个海上公园，在沿岸建设能享受风景的公园设施，建造环公园道路，还可以乘船在海上游览等等。

第三，治理半咸水区域十分重要。

现在，都是用水泥建造河堤，河水径直流淌，市区的道路都铺上了沥青，都市缺乏保水性。自然的土地保水性能好，没有保水性就意味着自然的生活形态受到了阻碍。而上述大阪市的规划旨在提高保水性，那样的工作今后应该更加积极地开展。

因此，我们应该构想作为半咸水圈的新都市，与此同时也应该重视我们已经忘却了的以芦苇、河流、桥梁为原点的文化。

不过，行政的规划只是提供条件。治理环境、海岸线，那只是提供条件。即便条件具备了，如果人们对此毫无反应的话，也无济于事。因此，大阪人针对治理环境无论如何都应该具备反应能力。

---

① 《O‐BAY》，2000 年 5 月号。

只有从这一点开始做起，才能创建新的文化。

另外，伤感的视点根本就不具备建设性。例如，打个极端的比方，有人建议收回所有土地，回到古代的样子。其中或许有正确的要素，但那是一种粗暴的意见。

历史有积累，在那样的历史基础之上如何使之成为更加有益的财产，这样的观点十分重要。

作家堀辰雄说过：人在一无所有的自然中建设人工都市，那些都市消失，又回归自然。堀辰雄称之为"第二自然"。

这样来考虑的话，我们所思考的今后的大阪或许是第三自然、第四自然。

那个时候，我想半咸水文化一定会成为其中心。

都市与人类

一、person 是什么？

最近，男女差异受到关注，措辞也变慎重了。以往在开会时说 chair man 就行了，现在常常要改成 chair woman，因为女性担任会议主席的情况不少。的确，那样说比较合适。

但是，如果只是一味地消除男女差异的话，用 person 这个词并不合适。说来，person 是一个非常奇妙的词语。

person 在法语中为 personne，与 persona 是关联词。

然而，这个 son、sona 与音乐中的奏鸣曲（sonata）同根，是"音"的意思。因此，person 原本是"通过那个发出的声响"的意思。这个英语词已经成为日语中的外来语，被理解为"人"，而它原本居然是发出声音之物的意思。

我觉得好奇，仔细查阅词典，发现说明中有"人类的生命体"这样的内容。这个词不单单指肉体，它的中心意思是充满生机，看来是声音让人充满生机。

另外，person 被翻译成"人格"。经常听到"外表与人格"这种相对立的说法。person 这个词用来表现主要由人的内在世界形成的人格、人品。

那么将 person 替换为日语，而且不是使用人格、人品这些从汉语中借用来的词，而是使用纯粹的大和词的话，应该怎么说比较好呢？

表示一个人的人格特征的 person，可以说成"……的人"。例如，说"他个人是一个稳重的人。"

这的确是周到的翻译。由内心世界、精神形成的人品形象浮现出来了。

大凡 person 这种对人的理解方式重视反映各个人内心世界的姿态。

在把握复杂、多面性人物时，那样的人品形象是最为本质性的。这种最具本质性的人，就是"发出声音之物"。

这种想法十分生动地说明对于人类来说声音是何等重要。

人健康地生活，也就是处于愉快的节律之中。人因为发出声音而获得生命，通过肉体发出声音，配合他人的声音来开展社会生活。

据说人类是一种共鸣体，对来自宇宙，对从远处传来的鼓声般的自然界的声音产生共鸣，虽然人自己意识不到。有节奏的身体的动作，说明人是真正的共鸣体。

宇宙的声音有风雨这种自然现象的声音，也有小鸟以及兽类的咆哮声。出色的诗人甚至能听到落花在空中飘动时的声音。这样的话，甚至可以说宇宙的声音也是地球自转的声音。

能否顺利地形成人格，要看肉体能否和谐共鸣。有时候，声音也会成为意想不到的恶魔，那不是谁的责任。稍不留神，人格就会被扭曲。

而且，由声音形成的人格发出声音，传递给别人。高尚的人格以轻快的节律使人陶醉，人们自然而然地融入节律之中。相反，不理想的人格肯定会带来不和谐的声音。

过于繁琐，或许会带来误解。据作曲家间宫芳生先生说，人不论发出什么声音，都伴随着节律。

听他这么一说，我注意到，新干线车内的广播以及流动售货的女服务员的叫卖声都伴随有节律。百货店里的广播以及电视播音也都不是一个调子。人在不知不觉中在寻求轻快连续的声音。

人类是声音的生物。person 这个词恰如其分地表达了这一点。

二、换算成声音

如果对于人类来说声音是最基本要素的话,那么我认为同样要将声音视为人类居住空间的最基本要素。当然,视觉也很重要,不过先让我们闭上眼睛,听一听居住空间的第一要素吧。

出色的民俗学家宫田登就对都市进行过以下论述:

日野启三的《梦之岛》等一系列小说描绘了都市的主题。对此,宫田认为人们凭借高度发达的都市工学以及建筑工学技术,将都市装点得十分华丽。但那让人感觉精神十分脆弱、稀薄。

主人公最后在填埋地的一角上吊自尽了。

在那背后,似梦非梦地浮现出来的废墟情景、光秃秃的树干、着火的市内电车,这样的画面与主人公死亡的画面相交织。很快,大都市迎来了末日。

这种描写或许有些脱离常识。但不论在谁眼里,现代文明已经呈现令人绝望的末日征兆。人类就像水虫一样拼命繁殖,把树木砍伐殆尽,地球上人满为患。现代人谁都会产生绝望的自我厌恶情绪。

因此,每个人都在思考如何拯救都市。那么,是不是只要整治街道、管制花里胡哨的颜色、禁止霓虹灯广告、考虑都市美观就可以了呢?

即便认可这种常识性的做法,我们依然必须思考"美观"的"美"是什么意思。

这里所说的"美"不是视觉上的美。要有舒畅的声音,才能成为对人类而言的美。

我们必须把风景转换为声音。在有节律的风景中去体感如何与风景相感应,用居民身体的共鸣来创建城市。如果不是能换算成听觉的风景,就不能说它美观。

其实,宫田登在举出日野启三的小说这一事例之后,就曾提及江户时代的鲶鱼图。在江户时代,大都市出现了一种潜在的不安,认为末日即将来临。那种不安带来了鲶鱼图。鲶鱼的跳跃预示着将要发生地震,地震将会摧毁都市。江户民众把那种不安在鲶鱼图中表现出来了。

当然,鲇鱼只是一个象征。地下动物发出的不祥的声响让人们是对大城市必将毁灭的命运感到担忧。人(person)对于不祥之音十分敏感,无法掩耳不听。

据称鲇鱼跳跃是地震的前兆。对此或许能从自然科学的角度进行解释,但现在没有那种必要。从鲇鱼异常的生态听出不断向人迫近的令人恐惧的不和谐音,这样一种心情更为重要。

宫田登重视都市民俗,是因为民众很早就借助发出不和谐音的鲇鱼来表达可预见到的大都市令人绝望不安的一面。

因此,我认为江户民众通过声音的预兆来表现大都市走向灭亡的风景。对于这类风景与声音的关系,精神人类学的观点极具有启发性。

藤冈喜爱从精神人类学的视角对形象进行出色的观察。①

藤冈使用了"人品"这种表述。也就是说,将人的中心置于上述 person 之中,指出"人品是形象世界中的概念",并在形象中给人定位。

按照藤冈的观点,我们的日常生活并不只是由针对眼前事物的行动构成,眼前看不到的事物毋宁也很重要。也就是说,不妨认为形象规定着行动。

那是什么形象呢? 当然是视觉形象,除此以外,诉诸五感的各种各样的感觉形成知觉,变成形象积蓄下来。例如,"高原咆哮的风声、贝多芬《第五交响曲》著名旋律、夏日的闷热、陶瓷冰冷的感觉、母亲怀抱温暖的感觉、乳汁的味道、柠檬的味道"等等。

通过这些"记忆",形象变形、运动,带来想象活动。藤冈将"人格"(person)作为形象来把握,并将形象作为涉及五感的事物,并不只看重视觉。

从人格来把握人,并将那完全视为一种形象。如果在这种卓越思考中考虑都市,那么这个都市要是没有高原的风声、《第五交响曲》的旋律,以及乳汁、柠檬的味道,对人格就不合适。

而且,特别是考虑到 person,声音在形象中成为不可或缺的

① 藤田喜爱:《形象与人类——精神人类学的视野》,NHK 书籍,1974 年。

东西。

通过以声音为中心的形象形成的都市，那才是具有充分个性的都市。

在上文中，我曾指出必须把风景换算成声音。如果借用藤冈的话来说，应该说必须换算成具有形象的声音。

三、布局的空间

很显然，如果都市不是综合性的声音空间，不是人们彼此共鸣的整体的话，就无法安居。这是一个基本认识。那么具体来说人们需要什么样的空间构造呢？

我既不是建筑家，也不是都市工学的专家，因此无法非常细致、准确无误地阐述"声音空间"。如果允许门外汉空想的话，我想提出"布局"的空间。

说人是生机勃勃的生命体，是指身体中有节律，生命的节律形成愉快行动的秩序。

与有节律的身体相对应的有节律的城镇，我认为那才是以基本的声音来统合每处居住空间构造的都市空间。

在这种节律中，还可以加上旋律。有节律、有旋律的行动体是自然人的生存状态，城镇便是其综合。

也就是说，假定在都市有声音流淌。反过来说，每个建筑连接成片区，每个片区连接起来形成地区，再形成作为声音合奏体的都市。

现在，我在梦想有这样的都市。

贯穿于都市的街道就像是绷在都市这一乐器上的弦。走在街道上，双脚宛如弓，拉出美妙的声音，开始演奏音乐。

所走过的每个街道都有自己独特的音节，专家必须考虑更加美妙的和音。

再打一个比方，某城市的 A 地区像莫扎特的曲子，B 地区则充满勃拉姆斯的音乐，要是有那样的城市就好了。

房屋排列，从那里经过，发现那里被莫扎特的旋律和谐统一。或者人们感叹这条街道的形象简直就像勃拉姆斯的作品。我想创建的是这样的都市。

但是，在这种场合，A 与 B 的关系不能不和谐，这一点十分重要。总之，连续的关系，关键是要有流动，因为声音是靠流动来形成美妙的音乐。

想来，我们日本人将房屋的排列称为"房屋布局"，就都市则说"都市布局"。从上空俯瞰时，则说"屋顶的布局"。

这说明这些日语所体现的日本人的都市观是将都市作为一个连续体，也就是作为一种"布局"来理解。

犹如波浪起伏的延绵不断的城镇，酷似波浪的屋顶，这就是日本的都市。

这种"布局"的观点具有音乐节奏感。房屋也好，城镇也好，不再是作为孤零零的单音而存在。节奏感，再加上旋律，排列得宛如音符，这便是"布局"的景观。

如果将人作为"发声者"来理解的话，与这样的人和谐相处的富于音乐特征的都市，其房屋布局、都市布局应该都很美。

对于充分发挥人这种发声者特征的都市，人们会有更多的看法。我首先想提倡声音有序排列并美妙流淌的作为"布局空间"的都市。

环流文化——围绕东北亚

前言

在古代，6世纪至8世纪前后的东亚，曾经有过广泛的文化交流，其内容之广超出我们现在的想象。

而且，那既是国家间的交流，同时也是连接面临日本海各地区之间的交流，沿海地区具有独特的力量，这一点也给今天的我们以很大的启发。

首先从地区来看，库页岛有流鬼国，与当时沿每州①的靺鞨进行过交易。而且，在640年，留鬼国的王子经由靺鞨，作为朝贡使者前往中国。而日本也在那前后向中国派遣了使者。

当时，黑龙江流域居住着尼夫赫人，从库页岛到在北海道的鄂霍次克海沿岸都留下了他们的足迹，可见在东北亚也有过广范围的经济交流。

8世纪初，尼夫赫人的一部分势力在沿海州一带建立了渤海国，从727年至9世纪与日本有过52次交往，而且以遥商为目的的使节团规模很大。在日本，贵族们常常购买使者带来的貂皮，有笑话说有人在夏天也穿八件貂皮衣。

最早接收他们的是今福井县令比神宫附近的松原客馆。那相当于福冈的鸿胪馆，估计各个地区的接待活动十分频繁。

---

① 译者注：俄国东部沿海地区的古名。

日本给渤海使者的答礼是什么呢？在777年,根据对方的要求,赠送了黄金、水银、漆以及海石榴油。在渤海国建立国家以前,居住在沿海州的肃慎人用活熊以及毛皮与日本人交换武器和铁。

　　当时,日本将日本独有的艺妓,即女乐的舞女赠送给了肃慎人。之后,渤海国也向中国赠送了11名艺妓,或许是将日本赠送给他们的艺妓又转送给了中国。

　　这样的东亚环日本海的交流,比朝廷之间的正式交流要频繁得多,而且取得了很大的成果。我认为这对当今地方政府的国际交流也有很大的参考意义。

一、广泛交流的背景

　　那么,古代的那些交流对今天的东北亚有怎样的启发意义呢？我想谈一谈以下三点:

　　第一点是,在古代,东北亚圈比当今我们所考虑的范围更广,延伸到了北太平洋区域。现代人对于流鬼国这个国家或许感到有些意外,人们一般认为库页岛是俄国或者日本的一部分,其实在那里曾存在过很有特色的国家,那个国家拥有不同于鞑靼的民俗文化。

　　后来是由于俄国势力的东进,流鬼国与北方地区的交易变得十分盛行。据称日本的交易也延伸到了阿留申列岛。

　　现在的加拿大的温哥华岛屿向西北延伸,形成夏洛特皇后群岛,在那里出土了日本的宽永通宝。那里曾是阿拉斯加爱斯基摩人的居住地,由此可知这个地区曾经与日本有过交易。宽永通宝铸造于17～18世纪,这说明当时的爱斯基摩人与日本有过交往,不管是直接的,还是间接的。

　　据说以北陆为根据地的钱屋五兵卫的北前船曾到过阿拉斯加,宽永通宝或许就是那个时候带去的。

　　当然,交易不只指交换物产。那既相互振兴了各地各具特色的产业,同时也是精神文化的交流和借鉴。

　　例如,在北海道,从3世纪12世纪前后,曾有过早于阿伊努文化的鄂霍次克文化。北海道北岸出土过相关文物。

从考古发掘得知，其文化传承者是居住在从沿海州到西伯利亚内地、北方的黑龙江流域、中国东北地区以及库页岛的人，他们借助南下的流冰到了那里。

而且，现在代表阿伊努的熊祭据说就是由他们传播到北海道的。

以熊为神的信仰几乎全世界都有，日韩中也不例外。在同一古代信仰圈中，也有鄂霍次克人。

鄂霍次克人从 12 世纪以后，就从北海道消失了。他们去了哪里呢？他们的去向至今无人知晓，就像黑龙江水流到了鄂霍次克海之后不知去向一样。或许与流冰一道去了白令海。

这一点无法确定。不过有一点十分明确，那就是被称为山丹锦（又名山旦锦、虾夷锦）的纺织品的原委。

山丹是指黑龙江河流域。在日本，人们认为山丹锦是黑龙江流域产的纺织品。山丹锦十分精致，主要使用龙的图案。因此，那是中国朝廷天子穿的龙袍传到北方，到达了黑龙江流域。

锦织品的最高品级产自蜀江镇，其源头在华南、成都一带。

据称山丹锦在明代传播到北海道。它还有一个别名叫"高丽锦"，因此估计那不是从大陆经由虾夷，而是经韩国传入日本的。如果这一推测没错的话，因为高丽锦这种说法在 8 世纪就已经有了，所以或许应该说那最早在 8 世纪就已经传入日本了。

总而言之，在松前藩的管理下，山丹锦传入北海道，有记录显示 1593 年藩主曾穿过山丹锦服装。之后，在整个江户时代，山丹锦在上方（京都、大阪）受到追捧。

据称山丹锦的交易终止于 1860 年代。如果假定起始于 8 世纪以后的话，文化引进也经历了一千多年，这一历史事实不能无视。

另一方面，东亚的文化交流并非只在北太平洋、日本海进行，南方的交易船也很活跃。

广为人知的朱印船便是其代表。从 16 世纪到 17 世纪的朱印状当然是官方发行的证明，官方希望通过交易促进商品进口。正因为如此，只要是有能力的商人，大都能获得朱印状。

他们继承了之前就已经存在的交易方法在南方航行，交易地有东京①、安南、交趾(河内)、吕宋、柬埔寨、暹罗,以及马来、爪哇、婆罗洲等等。

与这些地区的交易的商品与地区形象相符合。例如:日本的出口商品有铜、铁、铜器、漆器、泥金画、伞、扇子、屏风、樟脑、硫黄等等。日本的进口商品有生丝、丝绸、砂糖、药剂、沉香、丁字、唐木、鹿皮、珊瑚、陶瓷器、漆器等等。

不难想象这些商品丰富了各地的生活。例如,从交趾进口的陶瓷器给日本的陶艺家带来了很多启发。青木木米(1767～1833年)烧出了交趾风格的清水烧,开创了崭新的风格。

这样看来,东亚的交流圈比现在要大得多,我觉得应该重新审视亚洲"东北"这样的范围。

就现在所举的例子而言,黑龙江流域以及阿拉斯加这些地方现在分别属于俄国、美国,东南亚则分别存在独立的国家。但是,在思考真正产业以及文化的时候,其区别与国境完全一致的情况比较少。特别是文化圈这样的区分常常与国境不一致。

因此,在探讨东北亚这个问题时,不能忘记各地的背后存在看不见,却扎扎实实存在的相互连接的世界。

日本有覆盖阿留申群岛的一大文化圈,韩国内地连接着西伯利亚,中国也有东海。我认为在构想"东北亚圈"时,应该将那些纳入视野之中。

二、具有生产性和通风性的自由区分活动

人们往往依照国家这一政治统一体来看待不同地区的活动。

直到 150 年前左右,在日本还存在藩以及构成其原型的大名的统治,这绝不是一种姑息。因为日本过去的藩并非都是靠武力来统治的。

例如,石见银山自战国时代以来,诸豪族从各自的利益出发,不断展开银山争夺战。那原本是山口的大内义兴(1477～1528 年)成功开发的银山。

---

① 译者注:以河内为中心的越南北部的古名。

为什么义兴能够成功呢？大内一族原本是从韩国渡来的,拥有独自的冶金技术。用于精炼的"踏鞴"据说这是蒙古语,他们带来了这种送风机。过去,由于采矿技术落后,很多矿坑都被废弃了。大内他们重新对银矿进行开发,获得了利益。

大内一族以博多为根据地。博多有许多从事南海贸易的商人,他们积累了财富。

像这样,"分国之王者"充分利用地势和地利,也熟悉商法,他们自然就成了不同于国王的统治者(国王拥有大片领土)。由于那些人的统治,土地能够发挥出本来的优势。

因此,到了德川幕府时代,因为封侯,统治者交替了,地利因此消失,地势也随之衰微。我们有必要了解那之前的真正的地方分治。

作为第二个统治者的例子,我想谈一谈蒲生一族。

与大内一族属于同一时代的蒲生一族出身于近江。起初蒲生氏乡(1556~1595年)在伊势的松阪筑城,松阪成了繁华的城关镇。结果出现了许多被称为伊势商人的人。即便现在,他们的子孙都还作为大事业家在大显身手。

如果在松阪的地理条件中寻求这种商业成功的原因的话,可以列出很多。例如土地肥沃,港口便利,是参拜伊势神宫的必经之路,附近产棉,而且还盛产木棉产品。

可以说,这些毫不例外,都是土地繁荣的条件。土地肥沃,生产力发达,这是顺理成章的事。

但是另外一点,便利的交通给乍看有些僻远的地方带来了繁荣,这一点十分重要。就伊势而言,从津港运来的物质被转运到江户及其他地方,给松阪带来了收益。

国际贸易可以说是其扩大版。松阪的经验告诉我们,不论是产品还是人文交流,地区拥有外交、国际性,这是一点十分重要。

氏乡很早就注意到了这一点。

其实,氏乡并没有看出这一般意义上的生产性与流通性的重要。

近江的蒲生之地兼具这两个要素。看清地势和明确重点,这便是氏乡对松阪的贡献。

我曾经说过想用"农商村"来称呼近江的农村,特别是蒲生一带的农村。

那里出现了与"伊势商人"齐名的"近江商人",当地的农民在农闲时勤于做生意。做生意对于土地肥沃、气候温暖之地的农民来说,完全可以兼顾。因此,他们与在穷乡僻壤一年到头面朝黄土背朝天干活的农民完全不一样。顺便提一下,在日本,从 8 世纪起就有农民做生意。

因此,重要的是想到去做生意,并且能在农业生产之余去做生意。也就是说,具有流动性,享有交通上的便利,"农商村"才能形成。

不妨说,氏乡把近江的这种智慧运用到了松阪。

大内一族运用这种利器,在可以生产的地势上开发出了地利,蒲生一族则运用具有流动性的生产方式开发了地利。

这样看来,各个地区的流动性,即交通便利的重要性就十分清楚了。特别是对国外开放——国际性并不只是对国家而言,即便对于各个地区来说也是很重要的课题。各地都应该仔细思考流动性的问题。

不过,如果仅仅只具有流动性是无济于事的。产品丰富,搬运、交换那些产品可以获得利益。文化也是一样。文化的利益——提高精神修养,丰富内心生活——要靠生产力与流动性来创造。

因此,没有必要按照现在的行政区划来划分地区,我认为应该尝试自由组合。

在明治的一个时期,现在的大阪府与奈良县属于同一个县,称作"堺县"。我虽然并不是主张要回到那个时候,但不妨根据项目自由地进行地区组合。

以前,作为新年的建议,我曾主张关西的京都、大阪、神户联合起来,形成五百万人口的大城市圈。[1] 我认为,可与东京 23 区匹敌的大小合适的都市圈或许更能发挥它的个性。

---

[1] 中西进:"五百万人口构想",《产经新闻》关西版,2006 年 1 月 1 日。收录于《中西进著作集》第 6 卷,2007 年。

三、反映民间呼声的活动

以地方政府为基础的活动与以国家为主体的国际交流有什么区别呢？

我在上文中举了松前藩、北前船、大内义兴、蒲生氏乡的例子。我想这些事例能够表明在地方政府之前身即藩以及豪族的统治下，需要实际开展活动的事业家。

政府的作用很大。山丹锦贸易之所以衰退，是因为日本的德川幕府瓦解、中国清朝灭亡，再加上松前藩丧失了统治能力。因为国家、藩与商人构成了三位一体的关系。

但是，藩的实力衰退以后，事业由商人垄断，港口城市就是明显的例子。与大内一族关系密切的是博多商人，堺是居民自治的典型港口城市。著名的千利休就是那里的人。

商人在从事交易时采取一种叫做"抛银"的方法。博多、堺以及长崎的商人都采取了这种做法。

按照这种做法，资产家借款给朱印船的船主，船主回国后归还本息。如果遇到海难，葬身鱼腹，借款就一笔勾销。这种借款兼有保险的性质，一般利息为3～5分，有时甚至高达9分。

通常朱印船在1、2月左右借东北季风前往东南亚，在5、6月刮西南季风时回国。也就是说，资产家半年最高能获得9分息。

这样一来，朱印船乍看是国家事业，但实际上连大名都插不上手，基本上由商人负责。而且，船主又是另外的人，呈现的完全是民营事业的特征。

始于岛井宗室（1539～1615年）的博多的岛井家保存着33份抛银的证文，其中有一份是西班牙文。总之，那种交流让人感觉与让人难以琢磨的国家外交完全不同。

商人的这种"民间"力量深深地渗入了以藩或者都市为主体的这些近代涉外事业，这是当时的一大特色。

说来，同样是能够让体现民间活力并引人关注的国家政策，是在明治维新时实施的。

例如，明治二年（1868年），大隈重信提倡使用新货币单位"日元"。明治政府在那之前就制定了铸造新货币的计划，当时的单位为"元"。那么大隈为什么建议使用日元呢？

首先，当时日元的称呼逐渐在民间使用起来了。实际上，老照片中留下了女性写的"五日元贰步三朱六百文"字样的文书。

大隈大胆地采用了民间的用法，结果诞生了日元这一货币单位。①

从这些轶闻也能看到体现"民间"活力的国策。

明治政府在小学开设"唱歌"这一科目时的情况也一样。当时，是由目贺田种太郎、伊泽修二两人提出的建议。

随后文部省认真研究了两人的建议，并很快就做出了决定。伊泽他们举出了美国梅森（Luther Whiting Mason）唱歌教育的先例，日本政府很快就邀请梅森到日本访问。②

在这些事例中，虽然那些是国家政策，但反映了民间的呼声。

在明治这样一个自由豪迈的时代，虽说是国策，但那并不是冷冰冰的。总之，地方政府层面的国际交流继承了这样的事例中所体现的优良传统。国策从国家到个人自上而下地实施，我认为地方政府在开展活动时应该注重自下而上的侧面。

以上提到的涉外事务，是以商人为实施主体而展开的。能够反映民间呼声的事业才能超越国境，将人与人的心连起来。

过去日本向中国派遣唐使，那是国家所需要的使节团，因为那能体现国家的威望，还能给国家带来繁荣。但那究竟能否给个人带来多大的幸福，却很难判断。

---

① 详细论述请参见拙著《建构国家的日本灵活的智慧》（楖子社，2006 年）。
② 同上书。

后　记

一

我一直生活在学界,并且要求自己通过细致的实证来严谨治学。

这种律己主义令人愉快,甚至让我感到自豪。

但是,当这种律己主义成为一种沉重的制约出现时,我觉得十分郁闷。因此,我总是告诫自己,"治学是通过实证进行创造"。要尽情地开阔视野,提出观点必须有所创新。朝前看,不能束手束脚,反正有实证这样一种制约。

想来,必须感谢各位宽容地对待我的任性的。

在这 20 年来,我注重将对象从文学转向文化,并将方法从比较转向统合。即便如此,对于将超越个别主题的论文以单行本出版还是非常谨慎。

因为我觉得,如果弄不清楚整体,也理解不了部分。因此,趁着多少悟出了一些道理,请畏友山口昭男先生读了我写的二三十篇论文。他告诉我:"大差不差吧。"那正好是 3 年前的事了。现在,我觉得整体结构终于成型了。

二

我想到的顺序是自然、样式、国土,这与本书的结构有些相左。

我觉得本书所探讨的三个方面是日本文化最主要的构造。

首先是国土条件。日本列岛呈细长的弧形，日本文化就是在这种基本条件下形成的。再加上纬度、经度，创造了独自的文化。

但是，这只是基础条件，当然会有人们意识的反作用。但令我感到惊讶的是，自然规律甚至可以用法律这个词来表述。

在这里，我想用文化系统这个生造词来称呼这种事物。在此，我为系统这种必然性与坚韧性而惊叹。

而且，人类具有或许与之相对立的自由。我从想象力、道的心得、心的波动这些重要视点对那种心理活动进行了思考。

我想到道和波动，是因为曾经应冈崎的核融合研究所之邀担任共同研究员，大家认真听我作报告，并积极提问。另外，我还应"波动研究会"之邀做过演讲。这些情况在文中没有提到。

顺便提一下，京都的国际高级研究所在普里果金来日本时，邀请一些人去听他的讲座，我也有幸受到邀请。我还买了他的著作的日文版读了读。

在这样的基础上，文化的南北构造就成为一大特点，这个观点也浮现出来了。我还记得，一开始是在一个很小的研究会上聊起这一观点，结果人们马上将那替换成东西构造，并就此展开了讨论。现在想来，南北构造等有点像哥伦布的鸡蛋。

另一方面，如果说东西构造的话，应该关注日本文化的椭圆构造以及作为其结果的凸轮运动。

不过，本书没有对凸轮运动具体、形象地展开论述。最近出版了一本关于江户后期的滑稽本《东海道中徒步旅行记》的一本专著《中西进读〈东海道中徒步旅行记〉》（楔子社，2007 年）。在该书中，上方与江户不一样，从那里可以看出很有趣的比较对象，这个领域的研究今后值得期待。

三

包括这些问题在内，我感兴趣的课题还有很多。但是书不能一直这样磨蹭下去。在这个时候，先告一段落，对自己 3 年里不负责任的态度向各位表示歉意。

再补充一点,在演讲基础上写成的论文因为有些只留下了发言提纲,而在演讲这一公开场合为了便于市民理解,将文献全部省略了。因此,在将手头的演讲稿整理成文时,的确有些不周到之处,恳请读者谅解。

　　在出版过程中,承蒙前面提及过的山口昭男先生,以及吉田裕先生、木村理惠子女士的帮助。在此,对他们表示衷心的感谢!

中西进

2009 年夏

译者后记

　　书作者中西进先生1929年生，曾任筑波大学教授、国际日本文化研究中心教授、大阪女子大学校长、京都市立艺术大学校长、奈良县立万叶文化馆馆长等职，文化功劳者。主要著作有『中西進 日本文化をよむ』（全6卷、小沢書店、1994〜1996年）、『中西進 万葉論集』、『源氏物語と白楽天』（岩波書店、1997年）、『日本文学と漢詩——外国文学の受容について』（岩波ゼミナーブックス、2004年）、『古代文学の形成』（おうふう、2007年）、『美しい日本語の風景』（淡交社、2008年）等，在日本文学以及比较文学的研究领域颇有建树，堪称大家。

　　不过，本书所探讨的主题不是日本文学，而是日本文化。那么，中西为什么会想到写这样一本书呢？他在本书后记中对自己的治学生涯进行了回顾："我一直生活在学界，并且要求自己通过细致的实证来严谨治学。这种律己主义令人愉快，甚至让我感觉自豪。"但另一方面，他也对这种状态有所不满："当这种律己主义成为一种沉重的制约出现时，我感到十分郁闷。因此，我总是告诫自己，'治学是通过实证进行创造'。要尽情地开阔视野，提出观点必须有所创新。朝前看，不能束缚手脚，反正有实证这样一种制约。"也就是说，在中西看来，对作家作品的解读已经无法满足他的探求心，他希望更加积极主动地建构自己的学说。因此，他"注重将对象从文学转向文化，并将方法从比较转向统合"。可以说，本书是他拓展研究领域的一次大胆尝试，同时也是他对自己的学术生涯的一次总结。

本书共收录 1991 年至 2002 年间发表的论文以及所做演讲稿 17 篇，分为三个部分。由于撰写时间跨度大，文章之间的关联性未必很强。为了便于读者理解，下面按顺序整理一下各篇文章的主要观点。

Ⅰ．列岛形成的文化风土

日本文化的南北构造

日本文化中存在南北构造，南方要素以京都为代表，其特点是开放、华美；北方要素以东北为代表，其特点是贫寒、孤高。以往的日本观以南方为中心，忽略了北方的视点。

北和南的思想家——平田笃胤与本居宣长

平田笃胤、本居宣长同为日本代表性国学家，但笃胤是秋田人、宣长则是伊势松阪人，两人在生死观上存在对立。笃胤积极对待死的世界，并将之设定为世界的根本之一。而宣长则认为死的世界是污浊的世界。这种对立是由他们思想中的南北性带来的。

中庸文化的形成

日本人所保留的古代性与现代性并不矛盾，因为日本人不是按照图式、公式去思考事物，日本人具有通融性，擅长协调二元性的事物，日本人及其文化具有相对型的长处。

文化与"极"——椭圆文化的构想

日本文化呈椭圆构造，有两个圆心，一个是以京都大阪为中心的上方，另一个是以镰仓江户为中心的东国。

从熊野思考日本文化

熊野所体现的流离、地灵、母胎的性质透视出了日本人精神世界。

Ⅱ．想象力孕育出来的文化样式

关于想象力

人们一般将绚烂的文体作为判断作家想象力是否丰富的依据，其实并非如此，唤起读者想象力的小说才是想象力丰富的小说。

从联句看日本文化

小林一茶、金子兜太、正冈子规都曾从《诗经》获得俳句的创作灵感,犹如联句。丰富的想象力形成了出色的日本文化。

日本的"我"——以表达方式为中心

日本人的"我"处于集合性无意识之中,因此散文作品常常省略主语,但韵文、和歌却大量使用了主语"我",因为那是倾诉自己的非日常的行为。

幽情论——无的有效性

本居宣长所说的"幽情"与孔子所说的"思无邪"像似,那是将"无"量化了的概念。无不是一无所有,而是非常浓密的存在。

道与波动.

普里果金的耗散结构理论与老子的"道"有共同之处。关注混沌、波动的效用,有助于解决科学决定论以及知识碎片化这些现代社会所面临的问题。

Ⅲ．自然的文化系统

自然之律

将日本式事物称为伤感、抒情的这种做法的实际目的是对其加以否定,而实际上自然以及人类的行为中被赋予的规律比起任何事物都具有逻辑性、结构性。重新评价非逻辑性事物,那样才能看到日本式事物的正确态势。

世界树与大地

世界树的观念广泛存在于整个欧亚,那是生命之树、智慧之树,那说明同一种世界观普遍存在。

王妃与马的交媾——养蚕的起源

关于养蚕起源的传说广泛分布于亚洲各地。马有粗大的性器,人们相信马与女子交媾能带来丰收,那后来升华为国家的祭典,由王妃与马交媾。

太阳洞穴——冲绳的普遍性

冲绳的洞穴信仰是一种广为分布的信仰,不仅见于亚洲、波利尼西亚、而且在欧洲也存在。那种信仰乍看是冲绳固有的，其实是极其普遍的。

半咸水文化的历史和未来

半咸水区域生物的种类以及数量相当丰富，是最容易形成文化的地方，日本古代两大文化就是建立在那样的基础之上。

都市与人类

声音不仅对于人类，而且对于居住空间来说都是基本要素。都市布局要像音乐一样和谐。

环流文化——围绕东北亚

东亚在古代曾经有过广泛的文化交流，在开展国际交流时，要充分发挥地方政府和民间的活动。

即便这样整理之后，还是觉得本书的内容有些松散。那么，中西撰写本书的意图究竟何在呢？他在序言中对日本文化的发展脉络进行了勾勒，指出日本通过三次文明开化形成了三种文化样式：第一次是7世纪佛教的传入带来了对偶像的崇拜；第二次是8世纪通过引进律令获得了统治原理，第三次是19世纪明治维新引进"世界文化"。但他这些"人工的文化"已经没有太大的兴趣，他所关注的是日本文明开化以前的"自然"所孕育的日本固有的文化风土。中西在本书中从国土、文化样式、自然三个方面对此问题进行了探讨。不过，国土与自然有许多共同之处，合二为一条理可能会清晰一些。因此，不妨认为中西在本书中的观点集中为两个，一个是"日本文化的南北构造"，另一个是"无的有效性"论。可以说前者是国土自然方面的问题，后者是日本的文化样式方面的问题。

首先来看一下"日本文化的南北构造"。其实，那与人们所熟悉的"东西构造"并无两样。看日本地图就知道，镰仓、东京（江户）位于京都的东北方向，因此两者的位置关系既然可以说成"东西"，也可以说成"南北"。而中西之所以使用"南北"而不是"东西"，这与他对日本文化的基本认识有关。他认为温暖湿润明媚的南方象征都城文化，干燥寒冷阴暗北方象征乡土文化，指出"以往的日本观是以南方为中心，……那种观点忽略了北方的视点。"（4页）"日本文化中存在具有京城特色的'南方'文化要素与乡土特色的'北方'文化要素,而且对那些产生影响的外来文化的传播渠道也各不相同。南北这种单纯的地区性同时也是京城与乡土这种精神性的区别和平行,以及反映出背景不同的外来文化的类型。"(11页)但如果沿用以往的"东西"构造的话,这种象征就难以成立。为了使上述观点更加形象化,中西还提出了"椭圆文化圈的构想"。正圆只有一个圆心,而椭圆则有两个。在这里,圆心被比拟成文化的中心。先是有京都这个中心,后来又出现了江户这个中心。在中西看来,出现两个中心不仅仅是社会经济发展的结果,那同时也是人们潜在的精神需求。自古以来,日本人就通过区分非日常的"圣"与日常的"俗"来求得一种均衡。在南北构造尚未形成的时候,如果说京都是"俗"的话,那么熊野就是"圣"。"在人类社会中,存在一种必须建构'神圣空间'的必然性",江户发展起来以后,京都(上方)就成了这样的"神圣空间"。

中西正是通过南北构造或者"椭圆运动"这样一种视觉构造将日本文化的特性进行了分门别类。例如,丰臣秀吉的金碧辉煌的茶室、足利义满的金阁寺等体现的是南方趣味,而千利休的侘茶、本居宣长的幽情、冷寂的和歌俳句等则是北方趣味。这样一来,便可以对多元化的日本文化从整体上进行理解说明,因此这种提法颇有新意。

其次来看一下"无的有效性"。在本书中,"无"指与物质相对应的不可视的精神、意识。中西认为"由大自然所培育的古代人的精神世界具有全球性、普遍性"(前言第6页),东西文化原本同源,都是通过"诗"来认识世界。但后来,在西方,诗被分解为艺术而学术;而在东方,诗在一定程度上依然保持着统一性,艺术与学术处于未分化状态。因此,以艺术的方式——在本书中,主要是以文学的形式——来认识世界,具体来说,那在一般人看来体现为抒情性、非逻辑性,这些是日本文化或者说整个东亚东方文化的特征。但中西则认为,"自然以及人类行为中被赋予的规律比起任何事物都具有逻辑性、结构性"(125页),自然所培育的日本文化乍看貌似是抒情性的、非逻辑性的,但其实那种方式更能认清事物的本质。中西希望这样来"逻辑性地重新把握非逻辑"。(125页)

那么,中西论述这个问题时的"逻辑"性是否能够成立呢? 在思考"无"时,中西受到了老子的"道"的影响。他将老子所说的"大象无形,道隐无名"理解为"看得见的只是单纯的现象,看不见的东西更重要"(91页)的思想。其实,可以说这是一个现象和本质的关系的问题。西洋的科学认识基于实证,也就是说通过现象来探求事物的本质。然而,人类对事物的认识有一个循序渐进的过程,因此在某个阶段对一些现象无法解释或者解释错误是极其正常的,关于人类诞生的各种传说、地心说等便是典型事例。要想对现象进行解释,随时都可能出错。另外,知识的不断积累使学习那些知识需要耗费大量的时间与精力,其结果是使学科领域细化,因而人们越来越难以从整体上正确把握分别属于不同学科的各种现象之间的关联。可以说,中西所指出的"知识的碎片化,人文科学与精密科学的重大分裂"(98页)现象就是在这样的背景下形成的。在中西看来,通过"诗"来认识事物的传统在东洋一直在传承。东洋的认识方式,例如中西所分析的"混沌"等,在一定程度上也许可以成为上述问题的解毒剂。但问题是东洋的认识不是通过实证分析来进行,因此那种认识往往无法原原本本地让他人分享,在很多时候只能给人一些启示,或者说起到一些引导作用。例如,长谷川等伯画作中的余白在没有欣赏能力的人眼里肯定是"什么都没画"。且不谈将冲绳文化与日本本土文化相提并论是否合适(北海道文化也是如此),说冲绳人"简直是连精神都生活在珊瑚上的人。那甚至让人觉得尸骨都很美"(174页)这样的说法恐怕不是每个人都能接受。因此,"无的有效性"让人感觉有点像"精神胜利法",很显然其作用是极其有限的。

中西知识渊博、思维敏捷、理论建构能力卓越,在阅读翻译本书的过程中,我不止一次受到震撼。但震撼之余也产生了一些疑问。譬如,由于他主要立足于文学的视角,所使用事例以文学及神话传说居多,也就是说,他是站在文学视角来建构他的日本文化论。从日本古典中发掘日本固有文化的价值,这是中西建构日本文化论时的独到之处,同时也是其致命问题之所在。论证材料所具有的文学抒情性以及泛神论信仰的非科学性使得中西的日本文化论犹如天马行空无拘无束,"逻辑性地重新把握非逻辑"的这种愿望未必实现了。问题是他为什么会产生这种愿望呢?

近代以来,西洋的坚船利炮打开了日本的国门,日本由此实现了"第三次文明开化",日本也步入了列强的行列。但是,不少日本人并不满足于通过"模仿"西方而取得的成就,他们希望建构起与西洋文明抗衡的,或者能够将之超越的日本文化(日本文化主要是在引进吸收中国文明等外来文明的过程中形成的,因此在与西方文明对照时,往往笼统地作为东洋文明来论述)。20 世纪 40 年代以来京都学派的"超越近代"论,以及战后广松涉所倡导的"事的世界观"等等,可以说都是日本人这种愿望的体现。在某种意义上来说,本书的课题意识也处于这种愿望的延长线之上。超越一般分两步走,第一步是说超越的对象有问题,在中西看来,"现代文明已经呈现令人绝望的末日征兆。"(192 页)这里的"现代之明"就是指"西方文明";第二步是说超越的主体如何出色,主张"无的有效性"很显然就是这一类做法。中西说"将日本式的事物称为伤感、抒情的这种做法的实际目的是对其加以否定"(125 页),并认为那种做法有问题。如果套用他这句话,其实也可以说他的"这种做法的实际目的是对日本文化加以肯定"。别府春海曾指出日本文化论是一种意识形态,中西在本书中所展开的日本文化论再次印证了这一点。

本书的部分章节曾用作南京大学日语系 2011 级硕士研究生"日本文化专题"的资料,并就其中一些问题和选课的研究生进行过讨论。南京大学日籍教师田村博正先生热心解答了一些引文方面的疑问,借此机会表示衷心感谢。理解以及翻译的不当之处恳请各位读者斧正。

彭　曦

2013 年油菜花盛开的时节于宝华山麓